Manfred Müller
Die Spezialausbildung des Schutzhundes

Die Spezialausbildung des Schutzhundes

Von Manfred Müller

3., überarbeitete und ergänzte Auflage

Verlagshaus Reutlingen · Oertel + Spörer

Haftungsausschluss

Die Hinweise in diesem Buch stammen von dem Autor.
Es können jedoch keinerlei Garantien übernommen werden.
Eine Haftung des Autors bzw. des Verlages und seiner Beauftragten für Personen-, Sach- und Vermögensschäden ist ausgeschlossen.

Die Deutsche Bibliothek – CIP-Einheitsaufnahme

Müller, Manfred:
Die Spezialausbildung des Schutzhundes / von Manfred Müller. –
3. Aufl. – Reutlingen : Verl.-Haus Reutlingen Oertel und Spörer, 1998
ISBN 3-88627-214-1

© Verlagshaus Reutlingen · Oertel + Spörer · 1998
Postfach 16 42 · 72706 Reutlingen
Alle Rechte vorbehalten
Lektorat: Dr. Gabriele Lehari, Reutlingen
Schrift: 9.5/11 p Stone
Satz: typoscript GmbH, Kirchentellinsfurt
Reproduktionen: Oertel + Spörer, Reutlingen
Druck: Oertel + Spörer, Reutlingen
Einband: Heinrich Koch, Tübingen
Printed in Germany
ISBN 3-88627-214-1

Vorwort

Der Schutzhund ist ein Gebrauchshund, dessen Aufgabe letztlich darin besteht, den Menschen im öffentlichen, zivilen und privaten Bereich zu „dienen". Seine „Nutzbarkeit" für eine bestimmte „Dienstleistung" hängt dabei entscheidend von seinen Wesensanlagen, von seinem lern- und tierpsychologisch richtigen Aufbau, von seiner artgerechten Haltung und Pflege sowie von seiner wesensgerechten und „natürlichen" Führung ab.

Damit nun *jeder* Hundeführer einen möglichst hohen „Nutzeffekt" bei seinem Schutzhund erzielt, habe ich die wichtigsten Grundsätze des Lehrens, Lernens, Führens und Haltens so in meine Bücher eingearbeitet, dass Hundeführer und Hund durch systematisch steigende Anforderungen *sicher* an das Ziel geleitet werden.

Jedoch hängt der *wahre* Erfolg in der Spezialausbildung des Schutzhundes vor allem davon ab, dass der Hundeführer *in allem* Klarheit und Konsequenz walten lässt. Die vier Eckpfeiler dieser Arbeitsweise sind:

1. Das in sich logisch und schlüssige Ausbildungsprinzip sollte *nicht* nach Belieben genutzt oder mit anderen Trainingsmethoden verbunden werden. Denn dadurch geht die Klarheit verloren und der Arbeitsablauf wird unnötig beeinträchtigt.

2. Der Einstieg in die lern- und tierpsychologisch *richtige* Ausbildung und Führung von Schutzhunden sollte *immer* mit dem kleinen „Ein-mal-Eins" der allgemeinen Aufbauarbeit und Führung beginnen (siehe die Bücher „Vom Welpen zum idealen Schutzhund" und „Der erfolgreiche Hundeführer") und *nicht* mit dem großen „Ein-mal-Eins" der Spezialarbeit. Denn nur auf einem festen Fundament kann ein sicheres Leistungsgebäude errichtet werden. Alles andere ist Flickwerk.

3. Der Lernstoff sollte *von Anfang an* konsequent und dem jeweiligen Hundetyp angepasst gelehrt werden. Denn jeder Hund ist eine eigene Persönlichkeit mit einem ganz bestimmten Erb- und Erwerbspotential. Eine schematische Befolgung der Ausführungen ist nur von begrenztem Nutzen für Führer und Hund.

4. Das Lernen sollte *stets* innerhalb des vorgegebenen Ausbildungsrahmens stattfinden und zielbewusst in kleinen Schritten durchgeführt werden. Denn nicht der Lernstoff oder der Lernweg führt

zu Misserfolgen in der Ausbildung, sondern *ausschließlich* die individuelle Lehrform.

Die logische Konsequenz aus diesen vier Punkten ist, dass das in einfacher und verständlicher Form beschriebene Ausbildungsverfahren zwar für *jeden* wesensfesten Hund und *jede* Hunderasse geeignet ist, aber den Hundeführer *nicht* aus seiner Eigenverantwortung gegenüber dem Tier entlässt. Im Gegenteil: Nur wer sich seiner Verantwortung gegenüber dem Hund *voll* bewusst ist und entsprechend *vernünftig* handelt, wird den Schutzhund *erfolgreich* aufbauen und führen können. Dabei sind Liebe in Verbindung mit Weisheit, Klarheit in Verbindung mit Sicherheit und Geduld in Verbindung mit Konsequenz die *wichtigsten* „Arbeitsmittel" für eine *optimale* Mensch-Hund-Beziehung und für eine *vorzügliche* Teamarbeit.

Manfred Müller

Manfred Müller, Architekt, geb. 1939, begeistert sich seit seiner frühesten Kindheit für Deutsche Schäferhunde. Einschlägiges Studium der Verhaltensbiologie und Lernpsychologie. Seit 1970 Spezialisierung auf tierpsychologische *richtige* Förderung, Formung und Führung von Schutzhunden. Intensive Forschungsarbeit und vorzügliche Leistungen mit vielen verschiedenen Hundetypen unterschiedlichen Alters aus Eigenzucht (Zucht von Deutschen Schäferhunden unter dem Zwingernamen „vom Wildbachtal") und Fremdzucht. Ziel: Verbesserung der Schutzhundgestaltung auf breiter Basis. Umfangreiche Vortragstätigkeit und zahlreiche Publikationen in diversen Fachorganen. Aufzeichnungen der Erkenntnisse in Büchern und Filmen.

Veröffentlichte Werke im Verlag Oertel + Spörer:
„Vom Welpen zum idealen Schutzhund"
    = allgemeiner Leitfaden für den Aufbau des Hundes
„Der erfolgreiche Hundeführer"
    = allgemeiner Leitfaden für die Hundeführertätigkeit
„Die Spezialausbildung des Schutzhundes"
    = spezieller Leitfaden für die Schutzhundprüfungen
„Der leistungsstarke Fährtenhund"
    = spezieller Leitfaden für die Fährtenarbeit
„Der echte, führige Schutzhund"
    = spezieller Leitfaden für den Schutzdienst

Inhalt

Teil I

Formen und Grundlagen der Spezialausbildung

Wenn wir die vielen Aufgabengebiete des Schutzhundes zusammenstellen und entsprechend ihrer Nutzleistung für den Menschen ordnen, erhalten wir zunächst zwei große Einsatzbereiche:

- den öffentlichen und zivilen Bereich; dazu zählen z. B. der Diensthund des Sicherheitsbeamten, der Militärhund und der Blindenhund.
- den privaten Bereich; zu diesem gehören z. B. der Sporthund, der Schutzhund und der Wachhund.

Untersuchen wir die Wirkungsbereiche weiter und analysieren wir die einzelnen Verwendungsarten innerhalb dieser Gebiete genauer, dann sehen wir, dass jede Verwendungsart ganz bestimmte, besonders ausgeprägte Wesenseigenschaften des Schutzhundes erfordert.

Da die Eigenschaftskonstellationen eines jeden Tieres meist jedoch mehrere Verwendungsmöglichkeiten zulassen, kann man die Grenzen zwischen den einzelnen Bereichen und Verwendungsformen nicht scharf ziehen. Dies bedeutet aber nicht, dass jeder Hund für jeden Zweck geeignet ist. Ein gut veranlagter Schutzhund kann durchaus ein guter Wachhund sein; jedoch braucht ein guter Wachhund noch lange keine ausgeprägten Schutzhundeigenschaften zu besitzen. Ebenso eignet sich ein Hund mit ausgeprägtem Kampf- und Schutztrieb verbunden mit einem hohen Grad an Schärfe kaum für die Aufgaben eines Rettungshundes. Daraus folgt, dass die unterschiedlichen Verwendungszwecke eines Schutzhundes stets auf artähnliche Einsatzbereiche beschränkt bleiben.

Auch innerhalb der artähnlichen Verwendungsmöglichkeiten sind die Zielvorstellungen verschieden. So soll in erster Linie ein Schutzhund schützen, ein Wachhund wachen und ein Spürhund suchen. Dieses Vorherrschen bestimmter Leistungsmerkmale bedingt aber, dass wir

a) einen Schutzhund wählen, dessen ererbte Anlagen in die von uns gewünschte Verwendungsart tendieren und
b) den Schutzhund auf die speziellen Anforderungen der jeweiligen Verwendungsart systematisch und umfassend vorbereiten.

Mit anderen Worten: Die Charaktereigenschaften des Hundes sowie seine Vorstellungen und Bedürfnisse und die Vorstellungen und Bedürfnisse des Hundeführers bestimmen weitgehend die Art der Nutzleistung. Der Nutzeffekt wiederum ist in erster Linie von dem tierpsychologisch richtigen Aufbau, der Haltung und Führung des

Schutzhundes abhängig. Dagegen ist der Grad der Leistungsfähigkeit für eine bestimmte Aufgabe sehr stark an die Spezialisierung des Hundes gekoppelt.

Dies bedeutet: Sinn und Zweck einer Spezialausbildung ist es, die für eine bestimmte Verwendungsart allgemein vorhandenen Anlagen und Verhaltensweisen des Hundes so optimal einzuengen und auszubauen, dass sie für den Hundeführer eine möglichst hohe Effektivität ergeben.

Würden wir die allgemeinen Anlagen des Hundes für ein bestimmtes Aufgabengebiet nicht auf einen engeren Raum beschränken, so wäre der Schutzhund auf keinem Gebiet zu einer ansprechenden Leistung fähig. So dürfen wir zum Beispiel keinen Hund gleichzeitig zum Spüren und Stöbern ausbilden, weil Spüren und Stöbern zwei grundverschiedene Arten der Suche sind.

Die Spezialisierung des Schutzhundes bedingt aber auch, dass sich der Hundeführer ebenfalls zu einem Spezialisten auf dem jeweiligen Leistungssektor entwickeln muss. Eine solche Qualifizierung für ein bestimmtes Gebiet wird jedoch entscheidend von folgenden Punkten bestimmt:

1. *Der Hundeführer sollte schon vor dem Erwerb eines Schutzhundes genau wissen, welche Aufgabe dem Hund einmal zufällt und welche Anforderungen an ihn gestellt werden!*

Ein Hundeführer, der einen Schutzhund erwirbt, ohne vorher genau zu wissen, wofür er den Hund benötigt, handelt verantwortungslos gegenüber dem Tier und wird häufig weder ein richtiges Verhältnis zum Hund noch ein hohes Leistungsniveau erreichen. Für ihn ist der Hund offenbar weniger wert als jeder Gebrauchsgegenstand, dessen Nutzwert er bestimmt vor dem Kauf kennt. Dasselbe gilt für Züchter und Hundeführer, die einen Schutzhund abgeben, ohne vorher dessen spätere Verwendung sorgfältig zu klären und seine Eignungsfähigkeit dafür zu prüfen.

2. *Der Hundeführer sollte einen Schutzhund erwerben, dessen Eigenschaftskonstellationen seiner späteren Verwendungsart entsprechen!*

Diese Forderung steht in engem Zusammenhang mit Punkt 1, weil Verwendungsart und Wesenseigenschaften des Schutzhundes in gegenseitigem Abhängigkeitsverhältnis stehen. Sind z. B. die für eine bestimmte Verwendungsart erforderlichen Wesensveranlagungen nicht oder nur ungenügend vorhanden, so ist der Schutzhund eben zu diesen bestimmten Leistungen nicht oder nur bedingt fähig. Fordern wir mehr, so wird er nicht selten für immer verdorben. Dies nützt aber weder dem Käufer noch dem Verkäufer eines Schutzhundes. Deshalb nochmals, weil es so wichtig ist: Der Aufgabenbereich eines jeden Schutzhundes richtet sich letztlich nach dem Ausprägungsgrad seiner einzelnen Schutzhundanlagen, d. h., die Eigenschaftskonstellationen eines jeden Schutzhundes bestimmen letztlich seine Verwendungsart.

Fazit: Zuerst prüfen und dann kaufen bzw. verkaufen. Nicht umgekehrt.

3. *Der Hundeführer sollte seinen Hund von Anfang an tierpsychologisch und zielgerichtet aufbauen, führen und halten!*

Sind die ersten beiden Voraussetzungen erfüllt und besitzen wir einen Schutzhund, dann sollten wir ihn von Anfang an, d. h., sobald der Hund in sein neues Heim kommt, tierpsychologisch und zielgerichtet aufbauen, führen und halten. Dabei sollten wir eine gewisse Eingewöhnungszeit berücksichtigen, die je nach Alter des Hundes, seinem Wesen, seiner alten und neuen Umwelt sowie unseren Führqualitäten zwischen zwei Tagen und sechs Monaten liegen kann. Der richtige Aufbau und die optimale Führung und Haltung selbst aber setzen voraus, dass der Hundeführer sein „Metier" bis in das kleinste Detail genau kennt und versteht. Hierbei ist es wie bei der Arbeit an einem technischen Gerät. Erfolgreich können wir dies nur dann bedienen, wenn wir die Bestandteile und die Gesetze ihres Zusammenspiels umfassend kennen. Dies aber bedeutet, dass der Hundeführer sich *zuerst selbst* schulen sollte, bevor er sich mit dem Schutzhund beschäftigt. Denn je weniger Fehler der Hundeführer beim Aufbau seines Hundes macht und je konsequenter er das spätere Leistungsziel ansteuert, desto leichter und erfolgreicher wird sich die Ausbildung gestalten. Deshalb: Zuerst selbst lernen und dann lehren.

4. *Der Schutzhund sollte in einer vorangegangenen „Grundausbildung" seine allgemeine Gebrauchsfähigkeit unter Beweis gestellt haben!*

Diese Grundlage jeder vernünftigen und erfolgreichen Erziehungs- und Ausbildungsmethode im menschlichen Bereich gilt auch uneingeschränkt beim Aufbau des Schutzhundes für den privaten Bereich. Wie der Mensch sich zuerst einige Grundlagen aneignen und diese beherrschen muss, bevor er zum Spezialisten ausgebildet wird, so sollte auch der Schutzhund in einem „Grundlehrgang" zeigen, dass er die Voraussetzungen für eine bestimmte Aufgabe erfüllt. Die beste Grundlage für eine praxisbezogene Ausbildung besteht darin, den Schutzhund zunächst als Sporthund im Sinne der Prüfungsordnung (PO) des Verbandes für das deutsche Hundewesen (VDH) oder nach dem Leitfaden für das Internationale Gebrauchshundewesen (IPO) der Fédération Cynologique Internationale (FCI) zielgerichtet aufzubauen. Dabei ist es von Vorteil, dass wir schon während dieser Ausbauphase die für seine späteren Aufgaben erforderlichen Anlagen intensiver und umfassender fördern. Hat der Hund dann mit erfolgreicher Absolvierung aller drei Schutzhundprüfungen (SchH 1–3) oder Internationale Prüfungen (IPO 1–3) seine allgemeine Gebrauchsfähigkeit unter Beweis gestellt, beginnen wir von seiner endgültigen körperlichen und seelischen Ausreifung im Alter von zwei Jahren an mit seiner Weiter- oder Umarbeitung zum Spezialisten.

5. *Hundeführer und Schutzhund sollten die für dieses Spezialtraining notwendigen geistigen, seelischen und körperlichen Voraussetzungen besitzen!*

Ein erfolgreicher Abschluss der „Grundausbildung" garantiert jedoch nicht automatisch auch eine erfolgversprechende Spezialausbildung, weil dieses Training *entscheidend höhere* Anforderungen an Hundeführer und Schutzhund stellen. Die Voraussetzungen für ein vom Erfolg gekröntes Spezialtraining sind, dass beide, Mensch und Hund, optimale geistige, seelische und körperliche Anlagen besitzen. Im Einzelnen bedeutet dies vor allem Folgendes:

a) Der Hundeführer sollte sehr viele *positive* Führeigenschaften besitzen und seine Schwächen genau kennen. Vor allem sollte er ruhig, geduldig, ausgeglichen, konsequent, ausdauernd, schnell und willensstark sein. Autorität und Regelmäßigkeit seien ausgeprägt vorhanden. Er sollte umfassende tierpsychologische Kenntnisse haben, ein gutes Einfühlungs- und Unterscheidungsvermögen besitzen sowie den Grund und die Bedeutung aller seiner Handlungen kennen.
b) Der Schutzhund sollte die für den jeweiligen Zweck erforderlichen Wesenseigenschaften wie Temperament, Beutetrieb, Schutztrieb usw. ausgeprägt besitzen. Er sollte einsatz- und lernfreudig, arbeitswillig, führig, hart, mutig, körperlich und seelisch ausdauernd und wesenssicher sein.
c) Hundeführer und Schutzhund sollten ein Team bilden, d. h., die Wesenseigenschaften des Hundes sollten optimal den Eigenschaften des jeweiligen Hundeführers angepasst sein (Resonanzhund oder Komplementärhund).

Erfüllen Hundeführer und Hund alle Voraussetzungen für eine Spezialisierung auf ein bestimmtes Gebiet, dann sollten sie dieses Training intensiv und konsequent durchführen. Vor allem sollte der Hundeführer darauf achten, dass er

a) alle Leistungen und Leistungselemente bis zur Perfektion übt und
b) die Ausführung einer geforderten Leistung im Gegensatz zur Aufbauphase vom jeweiligen Triebstatus seines Hundes unabhängig macht.

Besonders diesem letzten Punkt wird oft zu wenig Aufmerksamkeit geschenkt, obwohl er für die Erreichung von Spitzenergebnissen eminent wichtig ist. Denn der Hund sollte auch bei fehlender Appetenz auf eine bestimmte Reizsituation unsere Kommandos *willig* folgen und seine Arbeit sicher, korrekt und erfolgreich ausführen. So hat der Schutzhund zum Beispiel nicht nur intensiv und erfolgreich zu suchen, wenn er hungrig ist, sondern auch dann, wenn er bereits gesättigt ist. Diese Verhaltensweise *muss* dem Schutzhund unmissverständlich und kompromisslos klargemacht werden. Erst wenn der Hund begriffen hat, dass er überall und zu jeder Zeit optimale Leistungen zu erbringen hat, wird er sich zu einem wirklich zuverlässigen und erfolgreichen Spezialisten auf seinem Gebiet entwickeln.

Bringen wir alle Voraussetzungen für die Spezialausbildung eines Schutzhundes auf einen Nenner, so können wir Folgendes feststellen:

Die Größe des Erfolges bei der Abrichtung und die Höhe des Abrichtungszieles hängen in erster Linie von vier Komponenten ab:

- von den Charaktereigenschaften des Schutzhundes
- von der Persönlichkeit und dem Wissen des Hundeführers
- von der tierpsychologisch richtigen Aufbaumethode
- von der Intensität des Spezialtrainings

Die *praxisbezogene* Weiter- oder Umarbeitung des Schutzhundes sollte also primär nur dann erfolgen, wenn *alle* Bedingungen für dieses Spezialtraining erfüllt sind. Je nachdem, ob wir einen Hochleistungssporthund, einen Schutzhund, einen Wachhund, einen Familienhund, einen Begleithund, einen Fährtenhund oder einen Rettungshund wollen, *müssen* wir die für den jeweiligen Aufgabenbereich erforderlichen Anlagen und Verhaltensweisen *im richtigen Grad* und *an richtiger Stelle* intensiv und zielgerichtet fördern. Dagegen haben wir alle unnötigen oder unerwünschten Eigenschaften und Verhaltensweisen mit *absoluter Konsequenz* zu hemmen. Dies bedeutet: Der *wahre* Erfolg stellt sich nur dann ein, wenn der Hundeführer als *echte* Autorität handelt und den Schutzhund mit Liebe, Geduld, Klarheit, Konsequenz, Sicherheit und Weisheit trainiert.

I. Allgemeines Wissen

Wie bereits ausgeführt, kann der Hundeführer seinen Schutzhund auf die speziellen Anforderungen einer bestimmten Verwendungsart nur dann erfolgreich vorbereiten, wenn er sich selbst zu einem Spezialisten auf dem jeweiligen Leistungssektor entwickelt. Dies bedeutet, dass er *vor* Beginn der Spezialausbildung zuerst sein allgemeines Wissen auf dem Gebiet des Lernens, Lehrens und Führens so erweitern und vertiefen sollte, dass der spezielle Aufbau des Hundes auch wirklich die Krönung seines und des Hundes Können ist. Hierbei bilden die Ausführungen in den Büchern „Vom Welpen zum idealen Schutzhund" und „Der erfolgreiche Hundeführer" die *entscheidende* Grundlage, auf denen sich das Spezialtraining aufbauen sollte. Dies ist sehr wichtig, weil ohne die Kenntnis der tierpsychologisch *richtigen* Aufbaumethode und der *optimalen* Führungseigenschaften die Spezialisierung kaum zu dem erhofften Erfolg führen dürfte. Denn auch hier gilt die Regel: *Zuerst ein umfangreiches theoretisches Wissen aneignen und dann das Wissen gezielt in die Praxis umsetzen.*

Das ist der Weg, um die Erfolgsleiter systematisch zu erklimmen. Dabei dürfen wird jedoch nicht den Fehler begehen, uns vorwiegend nur mit einem Teil des Ausbildungsstoffes zu beschäftigen. Auch bei dieser Tätigkeit sollten wir folgende wissenschaftliche Erkenntnis beachten:

Um eine Aufgabe richtig zu meistern, darf der Mensch nicht die einzelnen Bestandteile eines Programmes zum Mittelpunkt seines Interesses machen. Vielmehr hat er ständig, von einem Teil zum anderen springend, sein Wissen um jeden Bestandteil gleichmäßig zu erweitern. Auf die Hundeausbildung übertragen bedeutet diese Tatsache, dass die Skizzierung des ganzen Systems für den erfolgreichen Hundeführer *unumgänglich* ist, weil er den einzelnen Lehrteil erst dann *richtig* versteht, wenn er *alle* anderen ebenfalls verstanden hat. Mit anderen Worten: Das System der Ausbildung eines Hundes wird nur dann *richtig* erkannt und erfolgreich praktiziert, wenn *alle* ihre Teilfunktionen *gleichzeitig* verstanden und miteinander gefördert werden.

Der Weg darf also nicht vom Detail zum einheitlich geordneten Ganzen gehen, sondern von der Ganzheit des Systems in Richtung zu seinen Teilen. So ist es zum Beispiel unsinnig, sich vorwiegend mit der Abteilung „Schutzdienst" intensiv zu beschäftigen und den Bereich der Fährtenarbeit und der Gehorsamsübungen nicht im gleichen Zuge mitzubehandeln. Alle Hundeführer oder Helfer, die Schutzhunde in erster Linie im Beute- und Wehrtrieb „hochjubeln", ohne im gleichen

Tempo die Fährtenarbeit und die Unterordnungsleistungen mitzufördern, haben entweder das ganze System einer tierpsychologisch richtigen Hundeausbildung noch nicht verstanden oder wollen es aufgrund von irgendwelchen Zwangsvorstellungen nicht begreifen.

Wie dem auch sei, der Schutzhund ist letzlich immer der Leidtragende, weil er dann meist nur noch unter massivem Druck die vernachlässigten Verhaltensweisen mehr oder weniger korrekt erlernt. Unter dem Einfluss dieser oft lange andauernden Stresssituation aber können sich bei dem Hund Verhaltensstörungen entwickeln, die zeitlebens bestehen bleiben und dem Hundeführer meist viel unnötige Nervenkraft und Geld abverlangen.

Dieser akuten Gefahr sollten wir uns als Hundeführer stets bewusst sein. Deshalb nochmals: Nur wenn wir uns auf alle drei Ausbildungsebenen *von Anfang an* gründlich, gleichzeitig und gleichmäßig konzentrieren, können wir die inneren und äußeren Zusammenhänge der einzelnen Abteilungen und damit das ganze System richtig verstehen und bei der Ausbildung erfolgreich anwenden. Haben wir aber das gesamte System verstanden, dann können wir den Hund ohne große Schwierigkeiten zu einem erfolgreichen Spezialisten ausbilden.

Aus diesem Grund sollten wir vor Beginn einer jeden speziellen Lehrtätigkeit die vorgenannten Bücher unbedingt *eingehend* studieren und evtl. eingeschlichene Fehler oder Irrtümer rigoros ausmerzen.

Der Mensch handelt im Leben zwar *immer* nach seinem momentanen Bewusstseinszustand, aber diesen Entwicklungsgrad kann er *jederzeit* durch gezielte Lerntätigkeit *selbst* verbessern – auch der Hundeführer.

II. Die verschiedenen Lernvorgänge

Im weitesten Sinne können wir jegliches Lernen als eine angepasste Abwandlung jener hochkomplizierten Lebensvorgänge im Organismus betrachten, deren Funktion das Verhalten von Mensch und Tier ergibt. Beim Lernen wird aus den vielen Lösungsmöglichkeiten für ein bestimmtes Problem diejenige ausgewählt und verwirklicht, die auf die vorliegende Umweltsituation am zweckmäßigsten passt. Die äußere Einwirkung liefert dabei jene Information, die zur Bestimmung der richtigen Reaktion notwendig ist. Daraus folgt, dass fast alle Lernvorgänge in Bezug auf die arterhaltende Zweckmäßigkeit *stets* eine Verbesserung zur Folge haben.

Anders ausgedrückt: Jedes Lernwesen ist in einem bestimmten Grad entwicklungsfähig, was ihm ermöglicht, die bestehenden oder wechselnden Umweltverhältnisse besser zu meistern. Dabei bestimmt in erster Linie die *ererbte* Lernkapazität den Grad der Anpassungsfähigkeit oder Verhaltensverbesserung. Der *individuelle* Lernfortschritt und Wissensumfang ist primär abhängig von der Art des Lernens. So sollte zum Beispiel kein Lebewesen unter krisenhaften Bedingungen lernen, weil dadurch die „Kenntnis-Landkarte", die beide, Mensch und Tier, während des Kennenlernens von ihrer Umwelt anlegen, im Gehirn eng und begrenzt bleibt. Und je stärker eine Krisensituation ist, unter der ein Lebewesen zu lernen gezwungen ist, desto weniger kann es lernen. Umgekehrt bedeutet dieser Vorgang aber, dass unter nicht krisenhaften Bedingungen mehr, umfassender und intensiver gelernt wird als unter Druck.

Die Lernvorgänge selbst lassen sich allgemein in fünf Gruppen unterteilen:

A. Lernvorgänge ohne Assoziation

Bei vielen primitiven Lernvorgängen ist die Assoziation, d. h. die Verknüpfung von Vorstellungen, von denen die eine die andere hervorruft, nicht beteiligt. Die angepasste Abwandlung des Verhaltens wird zwar auch durch individuelle Erfahrung verursacht; doch können wir diesen Vorgang eher als eine Verbesserung der Funktion durch „Funktionieren" betrachten. Diese Erleichterung der Funktion kann sich sowohl im motorischen als auch im sensorischen Bereich des Zentralnervensystems abspielen.

Für die Ausbildung von Hunden ist dieser Lernvorgang nicht von Bedeutung.

B. Lernvorgänge mit Assoziation

Die ersten wichtigen Lernvorgänge, die das Verhalten des Hundes zum Teil nachhaltig beeinflussen, sind jene mit Assoziation ohne Rückmeldung des Erfolges. Es ist das Prinzip der Reiz-Auslese, d. h., das Tier lernt, auf einen Reiz hin, der wiederholt „annähernd gleichzeitig" mit dem Auslöser einer Reaktion dargeboten wird, etwas zu tun oder zu lassen. Das Tier verbindet also zwei Vorgänge miteinander, wenn diese ein oder mehrere Male in derselben Reihenfolge und in geringem zeitlichen Abstand hervorgerufen werden. Diese Verschmelzung aufeinanderfolgender psychischer Geschehnisse hat zur Folge, dass der Organismus das zweite Ereignis „erwartet", sobald das erste eingetreten ist. Einfacher ausgedrückt: Der Hund verknüpft zwei verschiedene Gedächtnisinhalte so miteinander, dass das Auftauchen des einen den anderen mit auslöst. Auf diese Weise kann der Hund alle möglichen Erfahrungen miteinander verbinden wie Wahrnehmungen (Hörzeichen, Körperbewegungen) mit Handlungen (Herankommen, Weglaufen) oder Wahrnehmungen (Tonlage, Mimik) mit Gefühlserlebnissen (Belohnung, Bestrafung). Aus allen diesen Vorgängen lernt der Hund, dass ihm „etwas passiert".

Zu dieser Rubrik des Lernens gehören unter anderem folgende Lernarten:

1. Der bedingte Reflex

Der bedingte Reflex im eigentlichen Sinne ist das Ergebnis einer sehr einfachen Assoziation, die einen unbestimmten, zunächst nicht auslösenden Reiz mit einer Reaktion verbindet, die in ihrer Funktion keinerlei Veränderung der inneren Bereitschaft unterliegt. Beim bedingten Reflex hat die Assoziation also nur eine einseitige Wirkung, d. h., die Wirksamkeit der „unbedingten" Schlüsselreize wird nicht verändert, aber der mit ihnen assoziierte „bedingte" Reiz bekommt durch die Verknüpfung eine Wirkung, die der des „unbedingten" Reizes gleicht.

Ein bekanntes Beispiel dieses Lernvorganges ist der bedingte Speichelreflex des Pawlow'schen Hundes, der zu speicheln begann, wenn er den Ton des Glöckchens hörte, den er mit der Fütterung assoziiert hatte. Dieser Assoziationsvorgang entstand dadurch, dass

- dem Hund der anzudressierende „bedingte" Reiz (Ton des Glöckchens) zeitlich unmittelbar vor dem „unbedingten" Reiz (dem Futter) geboten wurde und
- dieser Vorgang dem Hund jedesmal eine Triebbefriedigung im Rahmen des Nahrungsaufnahmeverhaltens bereitete.

2. Die bedingte Vermeidungsreaktion

Die bedingte Vermeidungsreaktion ist ebenso wie der bedingte Reflex eine einfache Assoziation, die einen unbestimmten, zunächst nicht auslösenden Reiz mit einer bestimmten Reaktion verbindet. Jedoch unterscheidet sie sich vom bedingten Reflex dadurch, dass

- die Reaktion eine „reflektorisch" funktionierende Fluchtreaktion ist,
- die Assoziation oft durch eine einzige, überaus starke Reizeinwirkung hergestellt wird,
- die Assoziation anschließend unwiderruflich bestehen bleibt und

- die Vermeidungsreaktion meist mit einer Komplex-Wahrnehmung verbunden wird.

Dabei kann die bedingte Reizsituation, auf welche die von dem starken „seelischen" Schock herrührende Schreck-Reaktion anspricht, von verschiedener Komplexität sein. Zum Beispiel kann ein einziges, stark erschütternd wirkendes Erlebnis auf dem Übungsplatz beim Hund nicht nur gegenüber dieser Situation eine bedingte Vermeidungsreaktion erzeugen, sondern auch gegenüber der weiteren Umgebung der Stelle seines Traumas, dem Übungsplatz selbst. Es ist dann oft unmöglich, beim Hund diese Art von bedingter Vermeide-Reaktion gegenüber jenem Ort zum Verschwinden zu bringen. Er wird sich auf diesem Übungsplatz *stets* ängstlich und furchtsam benehmen bzw. lustlos arbeiten. Deshalb sollte auf dem Übungsplatz eine Übung *nie* durch Starkzwang gelehrt werden. Die oft unumgängliche Zwangseinwirkung sollte *stets* an einem Ort erfolgen, der später *nicht* mehr für Übungszwecke benutzt wird.

Diese Tatsache sollte sich jeder Hundeführer fest einprägen, damit er dieser „Ausbildungsfalle" rechtzeitig ausweicht.

3. Die Prägung

Die Prägung ist ein reiner Assoziationsvorgang, der sowohl mit dem bedingten Reflex verwandt ist als auch mit der traumatisch bedingten Vermeidungsreaktion die Eigenschaft der Unwiderruflichkeit teilt. Da die durch Prägung hergestellte *unwiderrufliche* Assoziation aber *immer* nur ein ganz bestimmtes System von Verhaltensweisen betrifft, besteht die wichtigste Leistung der Prägung darin, dass nur eine bestimmte Verhaltensweise auf das entsprechende Objekt fixiert wird. Dieses Objekt kann sein der Artgenosse, das Futter, das Beutemachen usw. Daraus folgt, dass es z. B. irreführend ist, generell von einem Tier zu sagen, es sei „auf den Menschen geprägt". Es sind stets einzelne Verhaltensweisen, die völlig unabhängig voneinander auf verschiedene Objekte fixiert werden.

Eine weitere Eigenart der Prägung ist die Tatsache, dass sie nur innerhalb einer ganz bestimmten Entwicklungsphase des jeweiligen Individuums stattfindet. Diese überempfindliche Periode für die Prägung ist von Art zu Art und von Reaktion zu Reaktion sehr verschieden. Beim Hund liegt sie zwischen der 4. und 8. Lebenswoche.

Insgesamt können wir zum Vorgang der Prägung Folgendes feststellen:

a) Die überempfindliche Phase, während der ausschließlich ein bestimmter Prägungsvorgang stattfinden kann, ist stammesgeschichtlich nur für einen ganz bestimmten Zeitraum in der Entwicklung des Individuums „eingeplant".

b) Die in der Prägungsphase festgelegte Fixierung bleibt *unwiderruflich* bestehen. Sie kann durch Lernen nicht gelöscht werden und tritt sofort wieder auf den Plan, wenn die Prägung mit dem Erlernten in Wettstreit tritt.

c) Das Verhalten, welches während des Prägungsvorganges nicht gelernt wird, kann zeitlebens *nie* mehr erworben werden. Das Lebewesen ist bezüglich dieser bestimmten Verhaltensweise für *immer* fehlgeprägt.

4. Die bedingte Hemmung

Die bedingte Hemmung unterscheidet sich vom bedingten Reflex dadurch, dass der bedingte Reiz nicht mit einem „Reflex" assoziiert wird, sondern mit einem „Kommando" im Sinne der Biokybernetik. Sie entsteht dann, wenn ein wie auch immer motiviertes Verhalten *sofort* eine unangenehme Erfahrung wie Schreck oder Schmerz nach sich zieht. Dabei ist die *sofortige* Einwirkung der für den Erfolg entscheidende Vorgang, weil die zugleich mit der Verfehlung verabfolgte Strafe unabhängig von ihrer Härte eine weit stärkere und nachhaltigere Wirkung hat als eine nachträgliche noch so schwere Bestrafung. Zum Beispiel kann einem Hund das Jagen nur dann abgewöhnt werden, wenn die Strafeinwirkung *sofort* mit Beginn des Weglaufens erfolgt und nicht erst, wenn der Hund wieder zurückkommt. Denn der Hund soll zwischen Jagdtendenz und Strafe verknüpfen, d. h., die bedingte Hemmung soll das Weglaufen des Tieres verhindern, nicht aber das Herankommen.

Die Erzeugung von bedingten Hemmungen spielt bei der Abrichtung von Tieren allgemein eine große Rolle, vor allem deshalb, weil die meisten Dressuren oder Abrichtungen durch Strafe auf demselben Prinzip beruhen. Jedoch hat dieser Lernvorgang auch seine Nachteile, die unter Umständen sogar gefährliche Folgen haben können. Denn bei Bestehen einer bedingten Hemmung wird die betreffende Verhaltensweise sehr selten oder gar nicht eingesetzt. Dadurch kann es zu einem krankhaften Anstieg des Antriebes zu der jeweiligen Verhaltensweise kommen (Triebstau), der sich nach einer gewissen Zeit urplötzlich in meist äußerst aggressiver Weise entladen kann.

Daraus folgt: Obwohl diese einfache Verknüpfung von Strafreizen und Appetenzverhalten sehr leicht herzustellen ist, sollte bei der Ausbildung von Tieren die bedingte Hemmung nur sehr sorgfältig und zielgerichtet eingesetzt werden.

C. Lernen aus Erfolg und Misserfolg

Der wichtigste Lernvorgang für alle Lebewesen, die ein zentralisiertes Nervensystem besitzen, ist das Lernen aus den Folgen ihres Verhaltens. Das Lernen des Tieres aus dem, was es tut, beruht darauf, dass aus dem Erfolg oder dem Misserfolg einer bestimmten Verhaltensweise Informationen gewonnen und dazu verwendet werden, das vorangegangene Verhalten entsprechend angepasst abzuwandeln.

Aus den Rückwirkungen seines aktiven Verhaltens erlernt das Tier also seine künftige Verhaltensweise.

Die Voraussetzung für diese besondere Art des Lernens besteht in erster Linie darin, dass das Tier einen Regelkreis besitzt, der die Rückmeldungen über Vollzug, die Wirkung und die Angemessenheit einer Reaktion richtig verarbeitet. Um aber zu entscheiden, was ein Erfolg und was ein Misserfolg ist, müssen in dem Rückmeldungs-Apparat, dem „angeborenen Schulmeister", eine große Menge stammesgeschichtlich erworbener Informationen über seinen Besitzer und dessen Umwelt gespeichert sein.

Der Sitz dieses „angeborenen Lehrmeisters" befindet sich sehr oft in der zielbildenden Instinktbewegung selbst, indem diese nur in der zweckmäßigen Umweltsituation die befriedigende Rückmeldung liefert. Die Grundlage des Rückführungskreises bilden die arteigenen Triebhandlungen, aus denen alles Lernen durch Erfolg und Misserfolg stammesgeschichtlich entstanden ist: die Mechanismen des Appetenzverhaltens, das Ansprechen eines „angeborenen auslösenden Mechanismus" (AAM) und die zielbildende und tief befriedigende Endhandlung oder Endsituation.

Beim Lernen selbst steht das Tier in fast allen Fällen unter dem Antrieb der einfachen Appetenz nach einer ganz bestimmten Verhaltensweise, d. h., der Hund „will" etwas tun, zum Beispiel suchen, beißen usw. Dieser Vorgang hat zur Folge, dass die bestärkende oder hemmende Wirkung aus der Umwelt, die das Tier zugleich mit der Auslösung der Endhandlung erhält, stets mit dem Appetenzverhalten und nicht mit der zielbildenden Bewegungsweise oder mit der zielbildenden Endsituation verknüpft wird. Mit anderen Worten: Alle neuen auslösenden und richtenden Reize, die das Tier durch den Lernvorgang erhält, werden stets mit dem Appetenzverhalten und nicht mit der zielbildenden Endhandlung verknüpft. Denn nur das einleitende Appetenzverhalten kann verändert und erlernt werden, nicht aber die Endhandlung, weil diese nach einem genetisch fixierten Schema abläuft. Dabei ermutigt der Erfolg das Tier, das erfolgbringende Verhalten zu wiederholen, während der Misserfolg die gegenteilige Wirkung besitzt.

Wird jedoch die betreffende Verhaltensweise nicht mehr durch Belohnung oder Bestrafung verstärkt, so nimmt die Anzahl der Ausführungen ab und die Verknüpfungen gehen mit der Zeit wieder verloren. Dies ist ganz natürlich, weil nahezu alles Erlernte bekanntermaßen auch vergessen werden kann, wenn keine Wiederholungen mehr stattfinden.

Zum Lernen aus Erfolg und Misserfolg gehören vier wichtige Lernvorgänge:

1. Die bedingte Appetenz

Die bedingte Appetenz ähnelt dem bedingten Reflex und wird oft mit ihm gleichgesetzt. Dies ist aber falsch, weil zwischen dem bedingten Reflex und der bedingten Appetenz ein deutlicher Unterschied besteht. Beim bedingten Reflex löst der bedingte Reiz stets das gleiche motorische Verhaltensmuster aus wie der primär auslösende Reiz, höchstens im Zeitablauf oder in der Stärke verändert.

Bei der bedingten Appetenz dagegen erscheint als erfahrungsbedingtes Verhalten stets das Appetenzverhalten, gleichgültig, ob es in der Lernsituation stattfand oder nicht. Mit anderen Worten: Während der Pawlow'sche Hund beim bedingten Reflex auf das Glockenzeichen hin nur zu speicheln beginnt, zeigt derselbe Hund, befreit aus der Fesselung, durch die er in den Pawlow'schen Versuchen fixiert wird, nicht nur die Speichelsekretion, sondern die ganze „Palette" des Futterbettelns: zur Futterquelle hinlaufen, mit der Rute wedeln, bellen usw. Es ist das auf Ernährung gerichtete ganz spezielle System von Appetenzverhalten, das der Hund letztlich mit dem Glockenton verknüpft und aktiviert. Die verstärkende Wirkung des Futters betrifft also das einleitende Appetenzverhalten oder die bedingte Appetenz. Dies aber bedeutet, dass die Belohnungen bei einem Lernvorgang nur wirken und der Lernerfolg nur dann nachweisbar ist, wenn die Appetenzen entsprechend aktiviert sind, d. h., wenn der Hund Hunger hat.

2. Die bedingte Aversion

Die bedingte Aversion hat zwar funktionelle Parallelen zur bedingten Vermeidungsreaktion und zur bedingten Hemmung, doch unterscheidet sie sich von diesen Lernvorgängen dadurch, dass ebenso wie bei der bedingten Appetenz eine Reizsituation andressiert und nicht eine Verhaltensweise selektiert wird.

Doch ist dies ein Vorgang mit hemmender Wirkung. Das bedeutet, wenn auf die Wahrnehmung einer neutralen oder sogar einer bis dahin appetenzauslösenden Reizsituation ein oder mehrere Male eine üble Erfahrung folgt, wird die Reizsituation mit einer Verhaltensweise des Vermeidens assoziiert, d. h., die Reizsituation wird mit Flucht oder Vermeidung der Annäherung verknüpft. Dabei wirkt die Abnahme in der Intensität des Störreizes andressierend. Darunter fallen z. B. alle Einwirkungen auf den Hund, welche die unrichtige Ausführung eines erwünschten Verhaltens unterbinden und den Hund zu der erwünschten Handlung veranlassen sollen. Da die negativen Einwirkungen das positive Verhalten nicht gleichzeitig mit hemmen sollen, ist eine fachgerechte Korrektur nicht immer einfach und will überlegt sein.

3. Die bedingte Aktion

Bei der bedingten Aktion handelt es sich um ein Lernen auf dem Sektor der Verhaltensausführung, d. h., sie ist ein Appetenzverhalten, das aufgrund von positiven Erfahrungen eine neue motorische Ausführungsweise hinzugewonnen hat. Im Einzelnen bedeutet dies Folgendes:

Wenn ein Tier einmal oder mehrere Male irgendein motorisches Verhalten ausführt – seien es nun Instinktbewegungen, Kombinationen von mehreren solchen oder eine beliebige Folge zufällig ausgelöster Bewegungsweisen – und unmittelbar danach einen belohnenden Reiz aus einem anderen Verhaltenssystem empfängt, kann es zu einer funktionellen Kopplung zwischen dem motorischen Verhalten und jenem Antrieb kommen, der durch die Belohnung befriedigt wird. Das Lernergebnis besteht darin, *dass das Tier das „lohnende" Verhalten dann ausführt, wenn die Appetenz nach jenem anderen Reiz geweckt wird bzw. der betreffende Antrieb im Tier erwacht.*

Aufgrund dieses Verfahrens können dem Tier unzählige Verhaltensweisen andressiert werden. Jedoch gibt es auch Verhaltensweisen, die nicht mit bedingten Reizen verknüpfbar sind, z. B. viele sexuelle Bewegungsweisen. Daraus folgt, dass der Vorgang, durch den eine gegebene Bewegungsweise durch Verknüpfen mit der Belohnung zur bedingten Aktion gemacht werden kann, von einigen Bedingungen abhängt, die hier im Wesentlichen aufgeführt werden:

a) Die einzelnen Bewegungsweisen dürfen nicht zu fest in die stammesgeschichtlich programmierte Kette ihrer eigenen Appetenz und dem dazugehörigen AAM eingebaut sein, wenn eine Verknüpfung stattfinden soll.
b) Die Verknüpfung kann umso leichter bewerkstelligt werden, je näher die Beziehungen zwischen den beiden Verhaltens-Systemen sind, denen die zu bedingende Aktion und der sie belohnende Reiz entstammen.

c) Je leichter die betreffende Bewegungsweise „verfügbar" ist, desto häufiger und schneller wird sie mit erlernten Reizen assoziiert. Vor allem die Elemente der Lokomotions-Bewegungen lassen sich sehr leicht zu Ketten bedingter Aktionen zusammenfügen.

4. Appetenz nach Ruhezuständen

Die Appetenz nach Ruhezuständen ist mit der bedingten Aversion insofern verwandt, als das Tier bei beiden Lernvorgängen aus „negativen" Erfahrungen lernt. Bei der Appetenz nach Ruhezuständen motivieren jedoch die primär störenden und unbedingt wirksamen Reize den Organismus zu Lernvorgängen, sogar zu sehr komplexen. Mit anderen Worten: Unbedingte Reize, die von vornherein eine Aversion auslösen, weil ihre dauernde Einwirkung den Organismus stark schädigt, lassen das Tier sehr intensiv zweckgerichtete Verhaltensweisen anstreben, die es von solchen Störungsreizen befreien.

Der „Ruhezustand", den das Tier dabei anstrebt, ist nicht Bewegungslosigkeit oder Schlaf, sondern die Ruhe vor dem unbedingten Störungsreiz. Denn solange dieser auf das Tier einwirkt, besteht dessen Tätigkeit nur darin, sich von dieser Einwirkung zu befreien. Die glückliche Abwendung dieses lebensbedrohenden Störreizes wirkt daher stärker andressierend, als es selbst der Vorgang der am stärksten „belohnenden" triebbefriedigenden Handlung vermag.

Da das Nachlassen der Spannung bekanntlich das Lernen allgemein wesentlich motiviert und am eindringlichsten bestärkt, erfolgt das instrumentelle Lernen fast immer unter dem Druck einer Appetenz nach Ruhezuständen. Die hohe Allgemein-Erregung, die durch die bedrohlichen Störungsreize hervorgerufen wird, trägt zur Aktivität des „gequälten" Tieres bei. Als unbedingte Störungsreize können z. B. auftreten: Hunger, Durst, Eingesperrtsein in einem engen Raum, unnormale Temperatur, Beleuchtungsstärke, Stress, starker Schmerz usw.

D. Das motorische Lernen

Das motorische Lernen ist ein Lernen auf dem Gebiet der Bewegungsausführung. Dabei werden aus einfachen und leicht verfügbaren Bewegungselementen neue Folgen geformt und zu Einheiten zusammengeschweißt, die dann neue Bewegungsweisen bilden.

Die ersten Ansätze zum Erlernen von neuen Bewegungsfolgen sind die Verknüpfungen bedingter Aktionen, wie unter Kapitel C, 3. beschrieben. Werden nun einzelne Instinktbewegungen der Lokomotion durch entsprechende Reize systematisch immer wieder, und zwar sofort, bestärkt, so kann sich in kürzester Zeit eine längere Verkettung dieser Bewegungen bilden, die dann eine neue Bewegungsweise ergeben.

Der Zusammenschluss der einzelnen verfügbaren Teile von Lokomotions-Bewegungen vollzieht sich dadurch, dass eine bedingte Aktion an die nächste geknüpft wird. Dabei stellt jede neue bedingte Aktion eine weitere Reizsituation her, die einerseits dem Tier sagt, dass es noch auf dem richtigen Weg ist, und andererseits den nächsten motorischen Impuls auslöst. Sind diese erlernten Bewegungselemente dann so gut aufeinander abgestimmt und „eingeschliffen", dass sie eine gekonnte Bewegung ergeben, so unterscheiden sie sich kaum mehr von den erbkoordinierten Bewegungsweisen. Denn sie besitzen eine Reihe von gemeinsamen Eigenschaften:

1. Die erlernten Bewegungskoordinationen sind ebenfalls dem Gesetz des Magneteffekts und der relativen Koordination unterworfen. Dies bedeutet, dass die einzelnen Bewegungen, in eine möglichst ganzzahlige harmonische Phasenbeziehung zueinander gebracht, arbeitssparende und elegante Formen annehmen. Je besser das gelingt, desto stabiler sind die erreichten Koordinationen.
2. Eine gute, eingeschliffene, gekonnte Bewegung wird *nie* mehr ganz vergessen und ist gegen Abänderungen und das Auslöschen relativ resistent. Sie kann höchstens durch zusätzliche Erwerbungen überlagert werden. *Das Bewegungslernen entspricht fast der Prägung.*
3. Wird die gekonnte Bewegung längere Zeit nicht gebraucht, dann tritt deutlich ein auf ihren Ablauf gerichtetes Appetenzverhalten auf. Die Stärke dieser Appetenz ist umso größer, je schwieriger die gekonnte Bewegung ist und je besser sie eingeschliffen wurde (es ist eine Art Funktionslust).

E. Neugierverhalten und Spielen

Neugierverhalten und Spielen sind Verhaltensweisen, die sich nicht scharf voneinander trennen lassen. Denn die im Neugierverhalten und im Spiel auftretenden Erbkoordinationen sind vorbereitende, zum Teil lebenswichtige Bestandteile für das „ernsthafte" Verhalten der höher entwickelten Lebewesen.

Diese auftretenden Bewegungsweisen stammen aus den verschiedensten Funktionskreisen, finden nur bei körperlicher und seelischer Entspannung statt, werden von einer anderen Motivationsquelle aktiviert als diejenigen des Ernstfalles und erlöschen sofort, wenn eine der beteiligten Bewegungsweisen im Ernstfall benötigt werden. Der einzige klare Unterschied besteht wohl darin, dass

- die Neugier die Funktion hat, dem Tier Gegenstände und Umweltsituationen bekannt zu machen, damit ihm dieses Wissen im Bedarfsfall zur Verfügung steht (latentes Wissen) und
- es die Funktion des Spielens ist, spätere Verhaltensweisen des Tieres vorzubereiten und zu vervollkommnen.

Da das Spiel zum größten Teil von der oben erwähnten Funktionslust motiviert wird, führt es häufig zu einer schöpferischen Produktion neuer und oft sehr eleganter Bewegungsweisen. Dieser Lernvorgang, der gekonnte Bewegungen immer glatter, eleganter und energiesparender werden lässt, steht in Wechselbeziehung mit der Fähigkeit zum motorischen Lernen und mit der Ausbildung frei verfügbarer Willkürbewegungen.

Für die Ausbildung eines Hundes bedeutet diese Tatsache, dass spätere Verhaltensweisen des Hundes in seinen Jugendphasen spielerisch und zielgerichtet eingeübt werden können. In dem Buch „Vom Welpen zum idealen Schutzhund" wird dieser Vorgang ausführlich und für jeden verständlich beschrieben.

Zusammengefasst können wir feststellen, dass das Lernen des Hundes im Wesentlichen auf zwei Lernarten basiert:

1. Auf den Lernvorgängen mit Assoziation ohne Rückmeldung des Erfolges, auch klassische Konditionierung genannt. Hierbei lernt der Hund, einen primär nicht auslösenden Reiz mit einem Schlüsselreiz so zu verbinden, dass später der Reiz allein genügt, um den Hund zu veranlassen, etwas zu tun oder zu lassen. Vermenschlicht ausgedrückt: Der Hund lernt, dass ihm „etwas passiert".
2. Auf den Lernvorgängen, bei denen das Tier aus den Folgen seines Verhaltens lernt, auch instrumentelle Konditionierung genannt. Hierbei lernt der Hund primär aktiv etwas zu tun, um etwas zu erfahren. Diese Erfahrung führt dann zur Dressur auf ein bestimmtes Appetenzverhalten sowie auf eine bestimmte, von ihm angestrebte Reizsituation. Voraussetzung für den Erfolg beim instrumentellen Lernen ist jedoch, dass die Lerngesetze beachtet werden. Bei der Hundeausbildung bedeutet dies vor allem Folgendes:
   a) Aktivierung der richtigen Appetenz, in der das Tier am schnellsten und sichersten das Dressurverhalten erlernt
   b) Anbieten der richtigen Schlüsselreize beim Lernvorgang

c) Verstärkung der erwünschten Verhaltensweise durch Erreichen des richtigen Triebzieles
d) regelmäßige Wiederholung und Bestätigung der erwünschten Verhaltensweise
e) richtige Korrektur der fehlerhaften Ausführung einer erwünschten Verhaltensweise

Die drei Methoden des „Lernens aus Erfahrung"

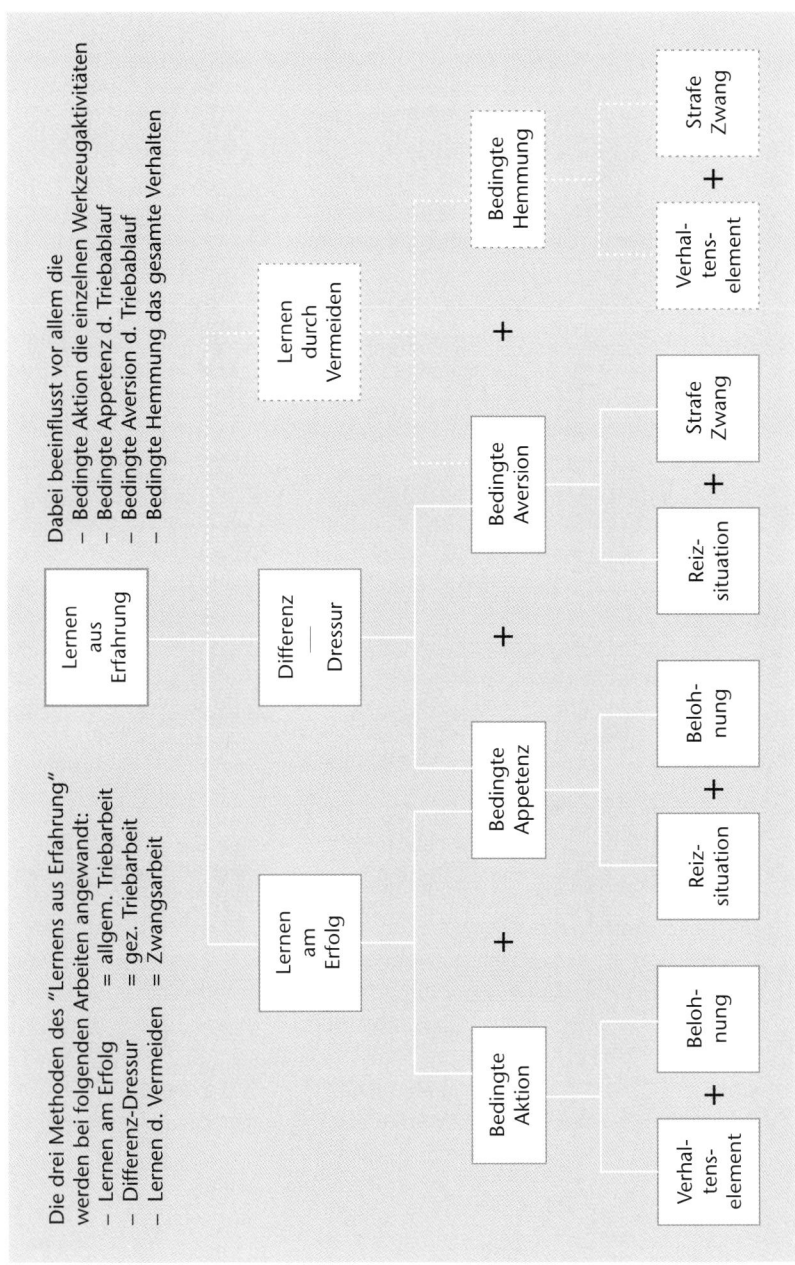

Der allgemeine Ablauf eines Triebverhaltens

objekt. Ablauf	Aktionsablauf	subjekt. Ablauf	Auswirkung
Auflösung der Triebspannung	End-handlung	Genugtuung Lustgefühl	Belohnung + Motivation zur Wiederholung der Triebhandlung und des Appetenzverhaltens
Ablauf d. erbmäßig festgel. triebl. Handl.	Trieb-handlung	Anstrengung intens. Energieabbau	Ablauf der Triebhandlung/Befriedigung der Werkzeugaktivitäten der Triebhandlung
Ankunft am Triebziel	Aus-löse-reiz	Beendigung des Triebstaus	Auslösung der Triebhandlung/Befriedigung der Werkzeugaktivitäten des Appetenzverhaltens
Gezielte Annährung an das Triebziel	gezielt. Appetenz verh.	Anstrengung/Konzentration/Triebstau	Erlernen des speziellen Verhaltens/Abbau der Werkzeugaktivitäten/ Anwachsen d. Triebstärke
Sinnliche Wahrnehmung d. Triebreizes	Aus-sen-reiz	Spezifische Aktivität/ starker Energieanstieg	Spezielles Anwachsen der Werkzeugaktivität und des inneren Antriebes
Allgem. Suchen des Triebreizes	allgem. Appetenz verh.	Allgem. Aktivität/An-wachsen d. Triebstärke	Erlernen spezieller Orientierungsmerkmale/ Beginn des Aktionsablaufs
Mangel an notwend. Bewegungsweisen/ Stimulierung durch Trieb	Werk-zeugakti-vitäten	Veränderung d. Aktivitätsgrades	Allgemeine Instinkt-bewegungen wie Laufen, Springen usw.
Auslösung durch Innen-reize od. Erlernte Reize	Triebe + Poten-tiale	Veränderung d. Hormonspiegels, d. Gefühlsstruktur od. d. Lerninhaltes	Unruhe, Unrast, Unzufriedenheit

Teil II

Lehren und Führen in der Spezialausbildung

Neben der detaillierten Kenntnis über die Formen und Grundlagen der Spezialausbildung sollten wir uns auch hinsichtlich des Lehrens und Führens von Schutzhunden in einigen Punkten Klarheit verschaffen, bevor wir mit der praktischen Arbeit beginnen. Im Wesentlichen sind dies folgende:

1. *Nach welchen Lern- und Lehrmethoden kann dem betroffenen Hundetyp der spezielle Lernstoff am erfolgreichsten und nachhaltigsten vermittelt werden?*
   Bekanntlich ist bei jedem Schutzhund, unabhängig von seiner Rassenzugehörigkeit, das Wesensbild andersartig aufgebaut. Dies hat zur Folge, dass seine Eigenschaftskonstellationen nicht nur bestimmen, wozu das Tier im besonderen Maße geeignet ist, sondern auch, welche Lern- und Lehrmethoden diesem Hundetyp den Lernstoff am erfolgreichsten und nachhaltigsten vermitteln. Dies bedeutet: Die Art und Weise des Spezialaufbaues muss ebenfalls dem Wesensbild des Hundes entsprechen, sonst bleibt der durchschlagende Erfolg aus. Denn es gibt auch bei der Spezialausbildung kein für alle Hundetypen passendes „Schema-F-Rezept", sondern ebenfalls nur einen Ausbildungsrahmen, innerhalb dessen wir selbst entscheiden müssen, wie wir uns am besten mit unserem Hund verständigen. Deshalb nochmals, weil es so wichtig ist:
   Nur durch eine wesensgerechte Aus- und Weiterbildung erhalten wir einen optimal aufgebauten Schutzhund.

2. *Welche Vor- und Nachteile sind mit diesen bestimmten Lern- und Lehrvorgängen verbunden?*
   Sobald wir die Charaktereigenschaften unseres Schutzhundes und seine daraus resultierende spezielle Verwendungsart sicher kennen, sollten wir die für diesen Hundetyp geeigneten Lern- und Lehrmethoden sehr sorgfältig studieren. Wir sollten zum Beispiel wissen,

- welche Vor- und Nachteile die verschiedenen Methoden haben,
- wann, wie und wo die einzelnen Lern- und Lehrelemente während der Ausbildung eingesetzt werden können und
- welche Einwirkungen von Vorteil und welche unbedingt zu vermeiden sind.

Grundsätzlich sollten wir darauf achten, dass wir auch beim Spezialtraining kein Verfahren anwenden, das den Hund zu sehr in Missstimmung versetzt. Der Schutzhund sollte auch in dieser Ausbildungsphase vorwiegend positive Erfahrungen machen, sonst wird er später stimmungs- und leistungsmäßig ebenfalls labil und lustlos arbeiten. Dies aber ist die größte Behinderung für den Aufbau eines erfolgreichen und zuverlässigen Schutzhundes.

3. *Welche besonderen Kenntnisse und Maßnahmen sind beim richtigen und erfolgreichen Lernen, Lehren und Führen zu beachten?*

Es genügt nicht, dass wir die einzelnen Lern- und Lehrvorgänge genau kennen; auch die Besonderheiten in den Sparten Lernen, Lehren und Führen sollten wir uns einprägen. So sollten wir zum Beispiel wissen, dass gemäß der Regel: „Alles Erlernte kann vergessen werden" auch alle durch Belohnung oder Bestrafung andressierten Verknüpfungen mit der Zeit verloren gehen, wenn die Übungen nicht wiederholt und bestärkt werden. Das Aufrechterhalten des durch Belohnung oder Bestrafung erreichten Ausbildungsstandes bedarf also einer regelmäßigen Wiederholung und Bestärkung durch Lob oder Strafe. Bleibt die andressierte Bestätigung aus, die das Tier nach Ausführung der Übung „erwartet", so führt dies zu einer Art Enttäuschung. Die Wahrscheinlichkeit, dass das Tier dieses spezielle Verhalten wieder erfolgreich zeigt, nimmt daraufhin langsam, aber sicher ab. Daraus folgt: Das Ausbleiben einer „Ermutigung" hat eine abdressierende Wirkung und führt auf Dauer gesehen zu einer Löschung der andressierten Verhaltensweise.

4. *In welchem Alter und in welchen Abstufungen sollte das Lernziel am besten gelehrt werden?*

Steht das Lernziel – die künftige Verwendungsart des Schutzhundes – fest, dann sollten wir den Lernweg in möglichst viele Zwischenziele unterteilen. Nach dem Motto der „schrittweisen Annäherung" sollten wir dann den Hund von Anfang an systematisch an das Lernziel heranführen. Dies bedeutet: Alle Einwirkungen seitens der Umwelt sollten zielgerichtet und den physischen und psychischen Fähigkeiten des Hundes angepasst erfolgen. Die Spezialübungen sollten den Hund genauso wenig überfordern wie die allgemeinen Gebrauchsübungen. Ein neues Zwischenziel sollte erst dann anvisiert werden, wenn das vorhergehende erfolgreich abgeschlossen ist.

Wir sollten uns endlich bewusst werden, dass der so oft vernachlässigte Altersfaktor beim Hund und die richtige Untergliederung des Lernzieles wesentliche Bestandteile der Erziehung und Ausbildung des Hundes sind.

5. *Welche physischen und psychischen Eigenschaften von Hund und Mensch sind für dieses spezielle Lernziel erforderlich?*

Jedes Lernziel erfordert neben den genauen Kenntnissen des Lernstoffes, des Lernweges und der Lernzeit auch gewisse körperliche und seelische Voraussetzungen sowohl beim Schutzhund als auch beim Hundeführer. Wie bereits ausgeführt, ist nicht jeder Schutzhund für jede Verwendungsart geeignet. Entscheidend für den praktischen Einsatz sind seine Wesensveranlagungen. Diese Tatsache trifft sinngemäß auch für seine körperlichen Eigenschaften zu.

Aber nicht nur der Schutzhund sollte möglichst alle Voraussetzungen für seine spätere Arbeit besitzen. Der Hundeführer selbst sollte ebenfalls einige Bedingungen erfüllen, sonst kann er seiner verantwortungsvollen Rolle als Erzieher, Meuteführer, Befehlshaber und Beschützer nicht voll gerecht werden. Vor allem sollte er mit ausgeprägten Führeigenschaften und einer vernünftigen Denkweise ausgestattet sein, weil diese beiden Merkmale die Grundlage bilden, auf der sich ein tierpsychologisch richtiges Mensch-Hund-Verhältnis aufbaut. Mit Tierliebe allein können wir keinen Schutzhund erfolgreich ausbilden und führen. Der Schutzhund verlangt von Natur aus einen Anführer, der ihm ein echtes „Leitbild", eine Autorität ist und den er *uneingeschränkt* lieben und respektieren kann.

Der Unterschied zwischen einer qualifizierten und einer unqualifizierten Autorität ist folgender: Die echte oder positive Autorität ist ein Mensch, der den Schutzhund primär mit Liebe, Geduld, Klarheit, Konsequenz, Sicherheit und Weisheit behandelt. Der Hundeführer ist ein „Leitbild" für den Hund.

Die unechte oder negative Autorität ist ein Mensch, der den Schutzhund primär mit Gewalt, Ungeduld, Unklarheit, Inkonsequenz, Unsicherheit und Dummheit führt. Der Hundeführer ist ein „Gewaltbild" für den Hund.

Neben diesen zwei autoritären Führtypen gibt es noch zwei freundschaftliche Führtypen. Diese Hundeführer versuchen den Hund entweder nach humanen oder nach Sucht erzeugenden Gesichtspunkten auszubilden. Jedoch sind diese Verfahren auf dem Gebiet der Spezialausbildung wirklich nur „Versuche", weil sie nicht zum gewünschten Ziel führen.

Die folgende Gegenüberstellung macht diese Grundstrukturen noch deutlicher (s. Tabelle auf Seite 39).

Was beinhaltet eine optimale Hundeausbildung?

Die Beschreibung einer *optimalen* Hundeausbildung lässt sich in drei Kernpunkten zusammenfassen.

1. Erwecke im Hund die Lust an der *gemeinsamen* Zusammenarbeit.
2. Kanalisiere die Lust des Hundes in eine *korrekte* Arbeitsweise.
3. Lass die korrekte Arbeit dem Hund zur *Passion* werden.

Da das Niveau des ersten Kernpunktes aber den Erfolgsgrad des zweiten und dritten Kernpunktes bestimmt, sollten wir *genau* die Möglichkeiten und die Konsequenzen der „Lusterweckung" kennen.

Grundsätzlich gilt, dass die Lust an der gemeinsamen Arbeit im Hund nur durch eine art- und wesensgerechte *richtige* Aufbauarbeit *optimal* geweckt und gefördert werden kann.

Diese Zusammenarbeit kann auf verschiedene Art und Weise erfolgen. Jedoch basieren *alle* Arbeitsformen auf zwei Grundstrukturen (siehe Tabelle auf Seite 39).

Die zwei Extremformen der einzelnen Strukturen sind die Tyrannei und die Dealerei. Dies bedeutet:

1. Der Hundeführer tritt im *autoritären* Bereich als Tyrann auf und macht den Hund gezielt zu einem mehr oder weniger gut funktionierenden „Roboter".

Der Hundeführer degradiert sich selbst zum Träger der Gewalt. Der Hund reagiert aus Furcht.

2. Der Hundeführer tritt im *freundschaftlichen* Bereich als Dealer auf und macht den Hund gezielt zu einem mehr oder weniger gut funktionierenden „Besessenen".

Der Hundeführer degradiert sich selbst zum Träger des Suchtmittels Beute oder Futter. Der Hund reagiert aus Manie.

Beide Extremformen aber enthundlichen den Hund, rauben ihm seine Persönlichkeit und machen den Hund krank. Den Hund seelisch brechen oder trieblich süchtig machen sind gemeine Tierquälereien, weil sie einerseits nur von wenigen Menschen erkannt werden und andererseits im Leistungsbereich oft noch durch beste Bewertungen belohnt werden. Denn das Marionetten-Verhalten wird mit Gehorsam verwechselt und das Manie-Verhalten mit Arbeitsfreude.

Jedoch kann jeder die Form und Struktur nach folgender Regel klar erkennen:

Die individuellen Reaktionen des Hundes auf die Hörzeichen und Verhaltensweisen des Hundeführers offenbaren die Form und Struktur der Mensch-Hund-Beziehung.

Die hierarchische oder die autoritäre Struktur	Die paritätische oder die freundschaftliche Struktur
Dem Hund werden die erwünschten Verhaltensweisen mit Liebe und *Disziplin* im rechten Maß gelehrt.	Dem Hund werden die erwünschten Verhaltensweisen mit Liebe und *Güte* im rechten Maß gelehrt.
Der Hundeführer ist eine echte *Autorität* im Sinne eines *Rudelsführers,* der den Hund gezielt zu einem verlässlichen *Gehilfen* formt.	Der Hundeführer ist ein echter *Gefährte* im Sinne eines *Rudelgenossen,* der den Hund gezielt zu einem verlässlichen *Kameraden* formt.
Die Folge ist: Der Hund liebt und *respektiert* den Hundeführer als *höherrangig* und befolgt seine Anweisungen gern und willig, auch wenn Eigeninteressen den Weisungen entgegenstehen. Notwendige disziplinarische Maßnahmen akzeptiert der Hund entsprechend seinem Wesen. Denn im Hunderudel darf der Rudelführer den Hund zur Ordnung rufen. Auch Verhaltenskorrekturen nimmt der Hund *unbedingt* und für Dauer an.	Die Folge ist: Der Hund liebt den Hundeführer als *gleichrangig* und befolgt seine Anweisungen gern und willig, solange die Weisungen mit Eigeninteressen *nicht* kollidieren. Notwendige disziplinarische Maßnahmen akzeptiert der Hund *nicht* und lehnt sich seinem Wesen entsprechend auf. Denn im Hunderudel darf der Rudelgenosse den Hund *nicht* zur Ordnung rufen. Auch Verhaltenskorrekturen nimmt der Hund nur *bedingt,* wenn überhaupt an.
Dies bedeutet für die Praxis: Der Hund gehorcht dem Hundeführer in allen Situationen und befolgt sofort sein Hörzeichen. Dadurch kann der Hundeführer evtl. Aufbaufehler auch später *gut* beseitigen und fehlerhaft ausgebildete Hunde verhaltensmäßig *noch* umarbeiten oder vervollkommnen.	Dies bedeutet für die Praxis: Der Hund gehorcht dem Hundeführer *nicht* in allen Situationen und befolgt *nicht* sofort sein Hörzeichen. Dadurch kann der Hundeführer evtl. Aufbaufehler später nur *unzureichend* beseitigen und fehlerhaft ausgebildete Hunde verhaltensmäßig *kaum* mehr umarbeiten oder vervollkommnen.
Konsequenz: Der Hundeführer hat einen Hund, der ihm gehorcht, ihn liebt und respektiert, auf den jederzeit und überall Verlass ist und mit dem er sowohl im Arbeitsbereich wie im Privatbereich erfolgreich tätig sein kann.	Konsequenz: Der Hundeführer hat einen Hund, der ihm nur *bedingt* gehorcht, ihn liebt und respektiert, auf den *nicht* jederzeit und überall Verlass ist und mit dem er sowohl im Arbeitsbereich wie im Privatbereich *nicht* unbedingt erfolgreich tätig sein kann.
Das Mensch-Hund-Verhältnis entspricht dem Ideal, weil es dem Gesetz der Hundewelt angepasst ist.	Das Mensch-Hund-Verhältnis entspricht nicht dem Ideal, weil es dem Gebot der Menschenwelt angepasst ist.

Dabei reagiert bei der autoritären Struktur in der Regel der Hund auf die Aktionen des Hundeführers, während bei der freundschaftlichen Struktur in der Regel der Hundeführer auf die Aktionen des Hundes reagiert.

Anders ausgedrückt: Bei der hierarchischen Struktur geht primär der Hund auf das Verhalten des Hundeführers ein, während bei der paritätischen Struktur primär der Mensch auf das Verhalten des Hundes eingeht.

Somit dominiert im ersten Fall der Mensch und im zweiten Fall der Hund im Mensch-Hund-Rudel. Denn von Natur aus muss es für den Hund *immer* einen Führer geben. Ist es nicht der Mensch, so ist es eben der Hund.

Eine auf gegenseitige Achtung basierende Gleichstellung von Mensch und Hund kann der Hund aufgrund seiner Anlagen weder verstehen noch akzeptieren.

Dabei kann sich die Dominanz des Hundes auf vielerlei Arten ausdrücken, je nachdem, womit er beim Hundeführer Erfolg hatte, z. B. über Aggression, Imponiergehabe, Demutsgesten, Meideverhalten, Weichheit, Wehleidigkeit usw.

I. Spezielles Wissen

Haben wir uns ein umfangreiches Wissen angeeignet und die wichtigsten Punkte einer praxisbezogenen Weiter- oder Umarbeitung des Schutzhundes geklärt, dann sollten wir auch unser spezielles Wissen auffrischen und vervollkommnen. Dabei sollten wir uns aber immer vor Augen halten, dass der Erfolg nicht von ungefähr kommt, sondern letzten Endes das Produkt einer *beständigen* und *sinnvollen* Arbeit sowohl an sich selbst als auch mit dem Hund darstellt. Erfolgreiche Hundeführer sind Menschen, die sich *immer* bemühen, das Risiko des Misserfolges dadurch so gering wie möglich zu halten, dass sie nichts dem Zufall oder dem Glück überlassen, sei es bei der Auswahl des Hundes, bei der Anwendung einer bestimmten Aufbaumethode oder beim Einsatz der eigenen geistigen und körperlichen Eigenschaften und jener anderer Personen.

Aus diesem Grund sollten wir vor jedem Lernschritt *sorgfältig* überlegen, wie wir den Hund den Lernstoff am erfolgversprechendsten lehren können. Vor allem aber sollten wir bei der gesamten Aufbauarbeit niemals die folgenden wichtigen Punkte vergessen:

1. Die Ausbildung eines Schutzhundes bedeutet, dass wir sein Verhalten gezielt in die von uns gewünschten Bahnen lenken und vorausbestimmten Endformen zuführen. Dieses Ziel erreichen wir dadurch, dass wir bestimmte Verhaltensweisen mit einem Hör- oder Sichtzeichen und mit einem der Leistung entsprechenden Gefühlspotential verknüpfen. Dabei bilden das veränderliche und erlernbare einleitende Appetenzverhalten und die unveränderliche, ererbte Endhandlung die Eckpfeiler aller Lernvorgänge.

2. Der Hund besitzt nur eine einfache zweipolige Gefühlsstruktur, die zwei Erregungsformen umfasst: eine positiv-lustvolle und eine negativ-betroffene. Aufgrund seines einfachen, aber tiefen Gefühlslebens gibt es für den Hund auch nur zwei Verhaltensformen: eine, die er gern ausführt, weil er sie mit einem positiven Gefühlspotential verknüpft hat, und eine, die er nicht liebt oder sogar fürchtet, weil er sie mit einem negativen Gefühlspotential verknüpft hat. *Die einzigen Motive des hundlichen Handelns sind Lust und Furcht.* Mehr ist beim Hund nicht zu erwarten. Deshalb kann ein Hund für sein Tun auch nicht verantwortlich gemacht werden. So ist zum Beispiel die Unfolgsamkeit eines Hundes lediglich ein Zeichen, dass er nicht richtig oder unvollständig ausgebildet wurde. Es ist kein Zeichen von Böswilligkeit oder anderen vermenschlichten Unterstellungen.

3. Bei jedem Hund ist das Wesensbild verschiedenartig aufgebaut. Die Qualität seiner Leistung hängt aber *ausschließlich* vom Verhalten des Hundeführers ab. So kann ein geschickter Hundeführer mit einem durchschnittlich veranlagten Hund überdurchschnittliche Leistungen erreichen, während ein ungeschickter Hundeführer auch mit dem bestveranlagten Hund keine zufriedenstellenden Ergebnisse erzielt. Ein solcher Misserfolg kann vermieden werden, wenn sich der Hundeführer entsprechend dem Buch „Der erfolgreiche Hundeführer" auf seine Führungsaufgaben vorbereitet.

4. Für alle Lernvorgänge, bei denen der Hund lernt, aktiv etwas zu tun (instrumentelle Konditionierung), sind die ersten Wochen und Monate besonders wichtig. In dieser Zeit der höchsten Aufnahmebereitschaft sollten wir die *grundlegenden* Verhaltensmuster anlegen, die für die späteren Aufgaben des Hundes von Bedeutung sind. Solche Verhaltensmuster sind: Suchen, Beuteverhalten, Lautgeben, Auslassen, Leinenführigkeit, Herankommen, Hinlegen usw. Diese Aufbauarbeit, bei der sich die Rangordnung zwischen Mensch und Hund ganz von selbst entwickelt, sollte *täglich* erfolgen. So sollten wir den Hund zum Beispiel während

des Spielens und während des Spazierganges gezielt etwas „Sinnvolles" lehren. In dem Buch „Vom Welpen zum idealen Schutzhund" sind diese wichtigen Lernvorgänge ausführlich beschrieben.

5. Dem Hund wird eine erwünschte Tätigkeit grundsätzlich dadurch angewöhnt, dass wir auf sein Verhalten *positiv* einwirken. Die Verknüpfung erfolgt in drei Lernschritten:

   a) Der Hundeführer muss die erwünschte Verhaltensweise herbeiführen, indem er den Hund zu dieser Leistungshandlung anregt = *Auslösung des erwünschten Verhaltens.*

   b) Der Hundeführer muss die erwünschte Verhaltensweise mit einem Hör- oder Sichtzeichen verknüpfen, indem er dem Hund zu Beginn und während des Handlungsablaufes des Öfteren den entsprechenden Befehl erteilt = *Konditionierung des erwünschten Verhaltens.*

   c) Der Hundeführer muss die erwünschte Verhaltensweise mit einer Motivation verbinden, indem er den Hund stets ausreichend und eindrucksvoll bestätigt, sobald dieser auf seine Zeichen hin richtig reagiert = *Motivierung des erwünschten Verhaltens.*

6. Dem Hund wird eine erwünschte Tätigkeit dadurch verleidet, dass wir auf sein Verhalten *negativ* einwirken. Die richtige Verknüpfung hängt von drei Faktoren ab:

   a) Der Hundeführer muss *zeitlich richtig* einwirken, indem er den Hund zu Beginn oder während des unerwünschten Tuns durch Drohlaute oder schmerzhafte Einwirkungen erschreckt. Nach vollbrachter Tat ist eine negative Einwirkung sinnlos, weil der Hund seine Handlung Sekunden später vergessen hat. Eine solche nachträgliche „Bestrafung" führt nur zu Fehlverbindungen.

   b) Der Hundeführer muss *individuell einwirken*, indem er den Strafreiz entsprechend dem Fehlverhalten und dem Wesen des Hundes dosiert. Dabei muss er entscheiden, ob der Hund sein ganzes Verhalten oder nur ein Verhaltenselement unterlassen soll (Selektion oder Korrektur).

   c) Der Hundeführer muss *nachhaltig einwirken*, indem er den Hund in irgendeiner Form mehr blitzartig erschreckt. Denn schreckhafte Erlebnisse behält und meidet der Hund eher als eine Bestrafung.

7. Bei den unterstützenden (positiven) oder hemmenden (negativen) Einwirkungen sollten wir klar unterscheiden zwischen

   a) Belohnung = positive Einwirkungen, die ein bestimmtes Verhalten des Hundes unterstützen bzw. eine erwünschte Tätigkeit verstärken sollen. Diese können sein: erfolgreiche Vollendung eines angeborenen auslösenden Mechanismus, Erlösung aus einem Triebstau, Futter oder Leckerbissen, allgemeine Zuwendung, Streicheln, Kraulen oder Liebkosen, leichter Klaps, lobende Worte, Körperbewegungen, freier Auslauf oder Spiel, Gelegenheit zum Sex, Kämpfen und Beißen.

b) Korrektur = negative Einwirkungen, die eine unrichtige Ausführung einer erwünschten Verhaltensweise unterbinden und den Hund zu der erwünschten Handlung veranlassen sollen. Diese können sein: dosierte Schmerzeinwirkungen, unwillige Worte wie „Nein", „Was soll das" oder „Lass das" sowie Drohbewegungen.

c) Bestrafung = negative Einwirkungen, die den Hund veranlassen sollen, ein ganz bestimmtes Verhalten auf jeden Fall zu unterlassen. Diese können sein: blitzartiges starkes Erschrecken oder Schocken, starke Schmerzeinwirkungen, Einschüchtungslaute wie „Pfui".

8. Alle Einwirkungen auf den Hund führen nur dann zum Erfolg, wenn sie bewusst, gezielt, abwechslungsreich, selten, konsequent sowie zeitlich und intensiv richtig dosiert erfolgen. Eine unbewusste oder unbeabsichtigte Belohnung führt genauso zu einer Fehlverbindung wie eine falsche Straftechnik. Allgemein gilt: *Alles, was der Hund gern tut, kann als Belohnung, und alles, was dem Hund ein Verhalten verleidet, kann als Strafe eingesetzt werden, jedoch in der richtigen Dosierung und im richtigen Moment.*

9. Den Hund sollten wir jede erwünschte Verhaltensweise in kleinen Schritten lehren. Setzt sich eine Übung aus mehreren Einzelleistungen zusammen, dann sollten wir zunächst jedes Leistungselement gesondert schrittweise lehren. Erst wenn der Hund jede Einzelleistung korrekt und sicher ausführt, sollten wir die einzelnen Leistungselemente zum gesamten Leistungsablauf zusammensetzen und als ganze Einheit trainieren. Dabei sollten wir jedoch schon vorher alle Zusammenhänge genau kennen. Denn tritt zum Beispiel eine Störung auf, so können wir sie nur dann erfolgreich beheben, wenn wir den gesamten normalen Ablauf einer Verhaltensweise richtig verstanden haben.

10. Bei jeder Übung sollten wir zwischen Körperbewegungen und Hörzeichen eine Pause von 1–2 Sekunden einlegen, sonst lernt der Hund, schon auf unsere Körperbewegungen zu reagieren und nicht erst auf das Hörzeichen. Diese Verhaltensweise ist sehr oft die Ursache vieler für uns unverständlicher Fehlleistungen, vor allem bei Hunden, die eine ausgeprägte Beobachtungsgabe besit-

zen. Meist werden diese für uns unerwünschten Verknüpfungen dann als Vergesslichkeit, Ungehorsam, Dickfelligkeit usw. bezeichnet und entsprechend geahndet, obwohl der Hund im Prinzip richtig reagiert.

11. Eine Leistung sollten wir möglichst über die Triebe des Hundes aufbauen, weil der Hund eine Verhaltensweise umso zuverlässiger erlernt, je mehr sein Verhalten von seinen Trieben abhängt. Diese Triebe können sein: der Meutetrieb, der Beutetrieb, der Spürtrieb, der Nahrungstrieb. Dabei ist der Meutetrieb der Grundtrieb, der mit den anderen Trieben für eine bestimmte Handlung kombiniert wird, zum Beispiel der Meutetrieb mit dem Spürtrieb beim Suchen. Der Nahrungstrieb wiederum ist der universell nutzbare Trieb zur Herbeiführung einer erwünschten Handlung des Hundes, weil der Hund im Wesentlichen mit dem Magen lernt.

12. Beherrscht der Hund das erwünschte Verhalten absolut sicher, dann sollten wir die Ausführung vom jeweiligen Triebstatus des Hundes unabhängig machen. So sollte der Hund zum Beispiel nicht nur zuverlässig suchen, wenn er hungrig ist, sondern es auch tun, wenn er satt ist. Die dafür notwendige sichere Ausführung einer Leistung erreichen wir im Wesentlichen
a) durch eine geschickte Kombination der ererbten Anlagen,
b) durch eine klare Verständigung beim Aufbau der Leistung,
c) durch eine konsequente Gewöhnung an diese Tätigkeit und
d) durch eine freudige Teamarbeit.

13. Der Hund führt eine erwünschte Verhaltensweise primär nur dann ohne Triebstimmung zuverlässig aus, wenn wir ihn für die entsprechende Tätigkeit irgendwie passionieren, d. h., wenn es uns gelingt, in ihm ein sehr starkes Gefühlspotential in Verbindung mit der jeweiligen Leistung aufzubauen. Doch sollten wir darauf achten, dass wir dem Hund vor *jeder* körperlichen und geistigen Anstrengung ausreichend Ruhe und Schlaf gönnen, weil jeder erzwungene Schlafentzug die physische und psychische Leistungsfähigkeit des Hundes stark beeinträchtigt.

14. Mit dem Hund sollten wir nur dann üben, wenn wir ruhig, aufgeschlossen, entspannt und konzentriert sind. Sind wir dagegen nervös, missgelaunt oder unkonzentriert, dann sollten wir mit ihm zwar spazieren gehen, aber *niemals* mit ihm üben. Nur wenn wir nicht gestresst sind, können wir den Hund durch klares und unmissverständliches Handeln die einzelnen Übungen richtig lehren. Das Verstehen des Hundes hängt in erster Linie nicht von der Quantität unserer Handlungen ab, sondern von deren Qualität.

15. Die einzelnen Übungen sollten wir weder stets in derselben Reihenfolge noch stets auf demselben Platz durchführen, weil der Hund dadurch anfängt, unaufmerksam und roboterhaft zu arbeiten oder Missstimmungen, die ihn bei solchen Übungen erfassen, die er ungern ausführt, auch auf Tätigkeiten zu übertragen, welche er gern tut. Der Hund arbeitet dann abgestumpft und freudlos. Außerdem sollten wir uns bei allen Übungen von Fehlleistungen des Hundes nicht aus dem Konzept bringen lassen und nur dann ermunternd oder korrigierend auf ihn einwirken, wenn es wirklich notwendig ist. Der Hund ist uns gegenüber dann viel aufmerksamer.

16. Für eine optimale Zusammenarbeit ist es u. a. wichtig, dass wir den Hund auf die bevorstehenden Übungen einstimmen, indem wir

    a) ihn vor der Arbeit nicht unkontrolliert an der Leine halten, sondern ihn abseits des Übungsplatzes unterbringen,

    b) ihn kurz vor der Arbeit auslaufen lassen und ihn dabei positiv-lustvoll erregen,

    c) ihn auf jede Einzelübung durch spezielle Kommandos, Gesten oder Handlungen vorbereiten,

    d) jedes Training mit einem hohen Stimmungsniveau des Hundes beenden.

17. Vergisst der Hund im Laufe der Zeit erlerntes Verhalten und reagiert er zum Beispiel auf bestimmte Anweisungen nur noch langsam oder überhaupt nicht mehr, dann können wir die alte Verknüpfung sehr schnell und sicher dadurch wieder herstellen, dass wir die betreffende Verhaltensweise in derselben Art und Weise lehren wie beim Aufbau.

18. Im Laufe der Spezialabrichtung sollten wir die Hörzeichen immer leiser sprechen und für die Sichtzeichen, soweit erforderlich, systematisch unauffälligere Körperbewegungen benutzen, damit sich der Hund auch auf sehr schwache äußere Reize hin wie erwünscht verhält.

19. Ein und dieselbe Bewegungsweise können wir beim Hund das eine Mal bei starker innerer Bereitschaft durch schwache Reizeinwirkung, das andere Mal bei schwacher innerer Bereitschaft durch starke Außenreize hervorrufen. Dabei bleibt die Art der spezifischen Erregung immer die gleiche. Dies bedeutet, dass die Intensität einer ablaufenden Instinktbewegung sowohl von der inneren Bereitschaft des Hundes als auch von der Stärke der Reizeinwirkung abhängt. Dabei bleibt die Qualität der ausführenden Bewegungsweise im Prinzip immer die gleiche.

20. Bei schwacher innerer Bereitschaft zu einer bestimmten Übung, vor allem wenn sie im Widerspruch zu den natürlichen Tätigkeiten des Hundes steht, wird die erwünschte Bewegungsweise manchmal nur durch äußeren Zwang erreicht. Der erfolgreiche Einsatz dieser Reizeinwirkung hängt aber davon ab, ob der Hund in der Ausführung des für ihn unangenehmen Verhaltens seinen Vorteil erkennen lernt. Diese Umwandlung des unangenehmen Tuns in eine angenehme Tätigkeit wird dadurch erreicht, dass
    a) der Zwang dem Wesen des Hundes entsprechend dosiert eingesetzt wird,
    b) der Zwang sofort aufhört, wenn der Hund das erwünschte Verhalten zeigt,
    c) sich an das Aufhören der Unannehmlichkeiten in Form des Zwanges sofort eine Annehmlichkeit anschließt.
21. Bei den Zwangseinwirkungen müssen wir unterscheiden zwischen
    a) ursprünglichen Einwirkungen wie schwachem bis starkem Zug, Druck, Ruck, Stoß und Hub oder dosierten Schmerzerregungen sowie
    b) stellvertretenden Einwirkungen wie leise mahnend bis laut drohend gesprochenen Hörzeichen, Einschüchterungslaute oder abgestuften körperlichen Drohbewegungen. Diese Zwangseinwirkungen können je nach Erfordernis zusammen oder einzeln angewandt werden. Doch sollten wir die Einwirkungen so miteinander verbinden, dass letztlich die stellvertretenden Einwirkungen genügen, um beim Hund das gewünschte Verhalten auszulösen.
22. Jede Zwangseinwirkung sollten wir von Anfang an nicht in einem bestimmten Raum oder innerhalb eines begrenzten Gebäudes, zum Beispiel auf dem Übungsplatz, einsetzen, sondern ausschließlich im Freien an verschiedenen, oft wechselnden Orten. Dies ist sehr wichtig, weil wir durch den Ortswechsel die Erinnerung an erlittenen Zwang beim Hund verhindern und seine Lern- und Arbeitsfähigkeit allgemein und speziell auf dem Übungsplatz erhalten.
23. Jeden Lernvorgang behält der Hund grundsätzlich nur dann längere Zeit im Gedächtnis, wenn wir ihn entsprechend oft wiederholen. Die Anzahl der Wiederholungen ist abhängig von
    a) den Wesenseigenschaften und von der „Intelligenz" des Hundes,
    b) dem Grad der Natürlichkeit oder Widernatürlichkeit der verlangten Leistungen,

c) der Geschicklichkeit und der Lernmethode des Hundeführers.

Allgemein gilt, es sind notwendig:
10 bis 20 Wiederholungen für die sichere Verknüpfung eines Lernvorganges und
60 bis 70 Wiederholungen für die sichere Ausführung einer Tätigkeit.

24. Die innere Bereitschaft zur Ausführung einer bestimmten Instinktbewegung, zum Beispiel des Beute- oder Bringverhaltens, sinkt beim Hund nach jedem Ablauf bei ein und derselben Reizgestaltung ab, ohne dass dabei der Organismus als Ganzes ermüdet oder die Bereitschaft zu anderen Instinktbewegungen abnimmt (aktivitäts-spezifische Ermüdung). Die einzige Ausnahme bilden die Instinktbewegungen des Selbsterhaltungstriebes im Bereich des Wehrtriebes und des Meideverhaltens. Sie können auch dann noch ausgelöst werden, wenn der Gesamtorganismus bereits erschöpft ist.

25. Die Wirksamkeit jeder Reizgestaltung ist gleich der Summe aller Wirkungen, die von den einzelnen Reizen durch gegenseitige Reizverstärkung ausgehen (Reiz-Summen-Regel). Diese Wirksamkeit können wir durch das systematische Bieten von stärkeren Reizen erhöhen. Die Art der Reizgestaltung wiederum bestimmt, welche Triebe aus dem Triebgemisch des Hundes primär seine Reaktionen bzw. sein Verhalten beeinflussen.

26. Werden bestimmte Instinktbewegungen des Hundes, die der aktionsspezifischen Ermüdbarkeit unterliegen wie z. B. die Beutetriebsreaktionen, unter sonst günstigen Haltungsbedingungen einige Zeit hindurch nicht ausgelöst, dann erfolgt ein Instinktstau. Dadurch steigt
a) ihre Erregbarkeit weit über das vorherige „normale" Maß hinaus an, d. h., die Instinktbewegungen können durch sehr viel schwächere Reizkombinationen ausgelöst werden; ferner wird
b) die Anzahl der Wiederholungsmöglichkeiten deutlich erhöht, d. h., die Instinktbewegungen können viel öfter hintereinander ausgelöst werden.

27. Wird das Eintreffen der auslösenden Reize für bestimmte Instinktbewegungen dagegen konstant verhindert, entstehen zwei negative Effekte von Schwellenerniedrigungen und Appetenz:
a) Die Aktivität der nicht gebrauchten Bewegungsweisen schrumpft bis zum echten passiven Verhalten. Wird sie dennoch ausgelöst, ermüdet das Tier viel rascher als normal. Diese

Ermüdbarkeit kann jedoch durch Training ziemlich schnell behoben werden.

b) Die Allgemeinerregbarkeit sinkt ab, weil die unspezifischen Reize und deren Wechsel fehlen, die das normale Maß von Erregbarkeit aufrechterhalten. Dies bedeutet, dass auch die Erregbarkeit anderer Bewegungsweisen abnimmt.

28. Wird ein Hund jedoch so gut gehalten, dass einerseits ein Absinken der Allgemeinerregbarkeit nicht eintritt, die entsprechenden Reize für eine bestimmte Triebhandlung andererseits aber fehlen, kann die betreffende Bewegungsweise auch ohne diese spezifischen Reize gewissermaßen im Leerlauf ausgeführt werden (Leerlauf-Aktivität). Die Häufigkeit, mit der eine Instinktbewegung im Leerlauf auftritt, steht in einem deutlichen Verhältnis zur Häufigkeit des normalen Gebrauchs.

29. Sehr oft führt die primäre Appetenz nicht unmittelbar zur tief befriedigenden Endhandlung, sondern auf das erste Appetenzverhalten folgt ein AAM, der eine bisherige Aktivität hemmt und eine andere auslöst (Instinkt-Hierarchie).

30. Die Zeiträume, die vergehen, bis eine Handlungsbereitschaft in eine andere umschlägt, sind umso größer, je höher in der allgemeinen, mehrere Antriebssysteme umfassenden hierarchischen Organisation der Instinkte die betreffende Bereitschaft liegt und je größer das erregte System und der Erregungsgrad sind.

Alle aufgeführten dreißig Punkte zeigen im Umgang mit dem Schutzhund aber nur dann eine *optimale* Wirkung, wenn

a) der Hundeführer *alle* Einzelheiten *richtig* befolgt und
b) der Hund die anstehenden Umweltanforderungen oder Umweltbelastungen *gezielt* bewältigt.

Dabei wird die letzte Bedingung oft unbewusst vernachlässigt, weil viele Hundeführer die *wahre* Bedeutung dieser Anforderung nicht kennen. Aber die *richtige* Bewältigung der Umwelteinwirkungen ist viel wichtiger als das Triebverhalten. Denn ohne einen bestimmten Grad an ererbtem oder erlerntem Durchsetzungsvermögen ist jedes Triebverhalten wie ein Speer ohne Spitze, also letztlich unbrauchbar für die Spezialausbildung.

Der Schutzhund benötigt für die Spezialausbildung einen bestimmten Reifegrad. Die Reifung aber ist primär ein Resultat der *offensiven* Handlungsweise in seiner Lernstruktur. Und dieses offensive Handeln wiederum ist die Grundlage für ein erfolgreiches Triebverhalten. Daraus folgt: Die Reifung des Schutzhundes und der daraus resultierende Leistungserfolg sind umso größer, je besser sein Durchsetzungsvermögen geformt ist.

Diese Tatsache gilt für *alle* Lernwesen, auch für den Menschen. So hat z. B. ein Hundeführer *keine* Entwicklungschancen, wenn er sich bei seinem Hund *nicht* durchsetzen kann.

Damit nun diese Erkenntnis in der Praxis richtig angewandt wird, sollte der Hundeführer folgende wichtige Gesetzmäßigkeiten des Reifeprinzips beachten:

1. Die Umweltanforderungen oder Umweltbelastungen erzeugen in allen Lernwesen Anspannungen bis Stress. Diese inneren Erregungszustände äußern sich in der Regel in Abwehrhandlungen. Dabei werden zwei Reaktionsformen unterschieden: die defensive Abwehr und die offensive Abwehr.

2. Die *defensiven* Reaktionen sind Ausweichen, Fliehen, Meiden, Sichergeben usw. Sie wirken lebenserhaltend (Existenzprinzip), aber *nicht* lebensfördernd (Reifungsprinzip). Denn das Lernwesen vermeidet die Konfrontation und unterwirft sich der Umwelt. Dadurch wird es umweltabhängig, lernt *nur* reagieren und seine Persönlichkeitsmerkmale sind in der Regel Angst, Unsicherheit, Unklarheit, Unruhe, Willensschwäche usw.

3. Die *offensiven* Reaktionen sind Angreifen, Sich-Auseinander-Setzen, Standhalten, Überwinden usw. Sie wirken lebenserhaltend (Existenzprinzip) *und* lebensfördernd (Reifungsprinzip). Denn das Lernwesen stellt sich den Umwelteinwirkungen und löst oder überwindet sie. Dadurch wird es selbstständig, lernt zu agieren und seine Persönlichkeitsmerkmale sind in der Regel Mut, Sicherheit, Klarheit, Ruhe, Willensstärke usw.

4. Da das Existenzprinzip *vor* dem Reifungsprinzip ausgelöst wird, müssen die Lernwesen in der Regel auf die Offensivhandlungen konditioniert werden. Diese Umpolung von passivem in aktives Verhalten erfolgt am besten und zuverlässigsten durch „leitbildhafte" Tätigkeit.

5. Die Konditionierung auf die *positive* Lebensbewältigung sollte in der Zeit des Charakteraufbaus erfolgen. Denn nach Beendigung der Charakterbildung wird mit zunehmenden Alter eine Wesensänderung aufgrund der Gewohnheit immer problematischer. Die optimale Zeit für die Ausbildung von positiven Reaktionen ist für *alle* Lernwesen die Kinder- und Jugendphase. Sie liegt z. B. beim Hund zwischen der 6. Woche und dem 10. Lebensmonat und beim Menschen zwischen dem 4. und dem 15. Lebensjahr.

6. Die *beste* Konditionierung ist jene mit Prägungscharakter. Denn dadurch bleibt sie zeitlebens erhalten. Diese Zeitspanne liegt z. B. beim Hund zwischen der 6. und der 12. Lebenswoche und beim Menschen zwischen dem 4. und 8. Lebensjahr.
7. Die Konditionierung kann auf direkte oder indirekte Weise erfolgen. Das bedeutet: Das Lebewesen kann die Umweltanforderungen oder Umweltbelastungen auf sich allein gestellt bewältigen oder mit Hilfe einer Bezugsperson überwinden lernen. Dabei muss der Führer jedoch unmissverständlich und konsequent *alle* defensiven oder negativen Reaktionen unterbinden. Die Bezugsperson ist z. B. beim Hund meist der Hundeführer, beim Menschenkind in der Regel die Mutter.

Das Fazit aus diesen Punkten lautet: *Fordern fördert den Reifungsprozess und Verwöhnen verhindert den Reifungsprozess.* Falls sich Zweifel an der Methode, Widersetzlichkeit gegenüber der praktischen Arbeit oder Desinteresse im Allgemeinen einschleichen, sollten wir hinsichtlich des Erfolges immer an folgende Wahrheit denken:

- ohne Einsicht keine Kenntnis.
- ohne Kenntnis keine Anwendung.
- ohne Anwendung keinen Erfolg.

Denn nur die *gezielte* praktische Tätigkeit offenbart einerseits die Wahrheit einer Methode und andererseits deren Erfolgschancen.

II. Der Sporthund

An erster Stelle von allen Schutzhundtypen im privaten Bereich dürfte wohl der Sporthund stehen. Wie schon sein Name sagt, besteht seine Hauptaufgabe darin, sportliche Leistungen zu vollbringen. Diese Tätigkeit wird der Sporthund aber nur dann zu unserer *vollen* Zufriedenheit erledigen, wenn der Hund durch die Art seiner Beschäftigung „glücklich" ist. Die Freude an der Arbeit wiederum ist primär davon abhängig, ob auch dem Hundeführer diese Sportart Freude bereitet. Denn nur wenn der Hundesport ein Sport für Hund *und* Herr ist, erfüllt der Sporthund seinen Zweck. Mit anderen Worten: Um zu sportlichen Erfolgen zu kommen, bedarf es des freudigen Einsatzes von Hund *und* Hundeführer.

Obwohl der Sinn des Hundesports ursprünglich darin lag, die Leistungen des Schutzhundes, dessen Gebrauchswert und seine

Schönheit zu steigern, sollte heute der Hundesport vor allem dazu dienen, durch eine freudige sportliche Tätigkeit die physische und psychische Beweglichkeit *beider* Sportpartner zu fördern. Für den Hundeführer zum Beispiel bedeutet diese Tatsache, dass er durch die tägliche Beschäftigung mit dem Hund einen Fußmarsch von mindestens 10 bis 20 Stunden pro Woche zurücklegt – ein ganz schönes Fitnesstraining!

Das höchste Ziel im ständigen Umgang mit dem Hund aber ist es, eine größtmögliche Verständigung zwischen Mensch und Tier herbeizuführen. Erst wenn dieser Zustand erreicht ist, wird der Sporthund seine Aufgabe *optimal* erfüllen und zu guten Resultaten gelangen. Diese Tatsache erlangt besonders dann eine große Bedeutung, wenn der Hund unter schwierigen Bedingungen und unter unangenehmen äußeren Einwirkungen seine Leistungen vollbringen soll.

Eine enge Zusammenarbeit zwischen Mensch und Hund entwickelt sich besonders dann intensiv, wenn wir unseren Schutzhund *selbst* und *von Anfang an* systematisch und tierpsychologisch *richtig* aufbauen und führen. Denn nur durch *ständiges* Bewegen, Beobachten, Auswerten und *zielstrebiges* Handeln lernen wir das Verhalten des Hundes *richtig* zu deuten, zu formen und für unsere Zwecke *optimal* einzusetzen. Der Hund kommt uns bei dieser Tätigkeit entgegen. Denn sein Seelenbewusstsein ist so angelegt und durch Zuchtauslese gefestigt worden, dass er dem Menschen nützen, dienen und in Freundschaft begegnen will.

Der Hund passt sich in seiner Struktur also den Menschen an, aber er tut dabei *nichts* aus Dankbarkeit oder Einsicht. Er gehorcht dem Hundeführer nur willig und freudig, weil er ihn als seinen Herrn und Meister liebt und respektiert. Dies wiederum setzt voraus, dass die natürliche Rangordnung zwischen Hundeführer und Hund stimmt und der Hund unsere Befehle richtig verknüpft hat. Denn die Qualität des Zusammenlebens und der Zusammenarbeit ist bekanntlich abhängig von den Regeln der Hundewelt und *nicht* von den Regeln der Menschenwelt. Dabei sind *nicht* die äußeren Handlungsweisen in der Hundewelt entscheidend, sondern die inneren Schwingungen. *Denn das äußere Verhalten ist nur der sichtbare Ausdruck des inneren Zustandes.* So ist z. B. die Rangordnung nichts weiter als der Ausdruck der psychischen Stärke des einzelnen Tieres im Hinblick auf seine Führeigenschaften.

Zusammengefasst können wir feststellen: Der Hundesport ist eine recht *anspruchsvolle* Art, Sport zu treiben, weil hier mehr *geistige* Präsenz und Einfühlungsvermögen verlangt werden als bei vielen anderen sportlichen Betätigungen. Denn bei dieser Sportart muss der Hundeführer *selber* denken und entscheiden, weil der sportliche Erfolg letztlich von der *richtigen* Auseinandersetzung des Hundeführers mit seinem Hund abhängt und *nicht* von irgendwelchen zwischenmenschlichen Beziehungen.

Der *wahre* sportliche Erfolg im Hundesport hängt also von einer *vernünftigen* Zusammenarbeit im Mensch-Hund-Team ab. Und diese ist *nur* gewährleistet, wenn der Hund dem Menschen untergeordnet ist und diesen als Führer anerkennt.

Aus diesem Grund ist der Hundesport *primär* für Menschen geeignet, die sich und den Hund viel und gern bewegen und geistig fordern wollen, eine Sportart also für physisch und psychisch *rege* Menschen mit viel Liebe, Verständnis, Willensstärke, Einfühlungsvermögen, Geduld, Ausdauer und Konsequenz für den „Partner" Hund.

Aber nicht nur ein optimales Mensch-Hund-Verhältnis ist beim Sporthund für den Erfolg wichtig, auch seine Wesensanlagen sollten den Anforderungen entsprechen. Vor allem sind folgende Eigenschaften bei einem guten Sporthund erforderlich:

- Wesenssicherheit
- Schussfestigkeit
- mittlere Reizschwelle
- Unerschrockenheit
- Furchtlosigkeit
- Härte
- Ausdauer
- gute Assoziations- und Kombinationsbegabung
- enge Bindung an seinen Herrn
- gute Führigkeit
- ausgeprägter Kampftrieb
- Beutetrieb
- Bringtrieb
- Spürtrieb

Weiterhin können in gewissen Situationen notwendig werden:

- Schutztrieb
- erwünschte Schärfe und Stöbertrieb

Unnötig und unerwünscht sind dagegen:

- mangelnde Wesenssicherheit
- Schussempfindlichkeit

- zu hohe oder zu niedrige Reizschwelle
- Weichheit
- enge Bindung an den Heimbezirk
- Wachtrieb
- Misstrauen
- Jagdtrieb

Da wir einen echten Leistungshund grundsätzlich von Anfang an *selbst* aufbauen und trainieren sollten, ist es von großem Vorteil, wenn wir uns einen Welpen aussuchen. Denn ein Welpe von zwei bis drei Monaten ist noch meist unverdorben und lässt sich am leichtesten erziehen. Ganz zwanglos können wir ihn während seines Wachstums die entsprechenden Befehle und Verbote lehren sowie seine positiven Triebe gleichzeitig und zielgerichtet fördern. Damit wir aber auch den *richtigen* Hund erhalten, sollten wir bei der Auswahl darauf achten, dass der Welpe

1. unserem Charakter und unserer Umwelt entspricht;
2. nicht zu unterwürfig, zu schreckhaft, zu nervös, zu wehleidig, zu weich, zu ängstlich, zu unkonzentriert, zu desinteressiert, zu scheu ist oder sich dessen Verhalten stark von dem seiner übrigen Geschwister unterscheidet;
3. einen sehr kräftigen oder drahtigen Körper ohne wesentliche Gebäudemängel besitzt.

Um die Wesensanlage des Welpen sicher festzustellen, sollten wir den Züchter öfter besuchen und den Wurf, die Umweltbedingungen usw. *genau* beobachten und prüfen. Sträubt der Züchter sich gegen diese Besuche oder lehnt er den Kontakt mit den Welpen sogar ab, dann sollten wir Abstand vom Kauf nehmen. Denn ein verantwortungsvoller Züchter hat *nichts* zu verbergen. Im Gegenteil, er ist froh, dass er bei diesen Gelegenheiten auch den künftigen Führer seines Welpen besser kennen lernt.

Sobald die Entscheidung gefallen und der Welpe in unserem Heim ist, sollten wir sofort nach der Eingewöhnung mit der Aufbauarbeit analog den Büchern „Vom Welpen zum idealen Schutzhund" und „Der erfolgreiche Hundeführer" beginnen. Die Meinung, dass wir dem Hund erst „seine Jugend gönnen" sollten, bevor wir ihn ausbilden, ist auf dem Gebiet des Hundesports völlig veraltet und entspricht *in keiner Weise* mehr den wissenschaftlichen und praktischen Erkenntnissen einer tierpsychologisch *richtigen* Hundeerziehung. Lassen wir uns deshalb *nicht* von den vielen angeblichen „Experten" beirren und bauen wir unseren Schutzhund *von Anfang an* zielgerichtet als Sporthund auf.

Ist mit Beendigung des 24. Lebensmonats die grundsätzliche Erziehung und Abrichtung des Schutzhundes mit der erfolgreichen Absolvierung der IPO 3- oder SchH 3-Prüfung abgeschlossen, dann sollten wir mit dem sogenannten „Ausfeilen" beginnen. Dies bedeutet, dass wir *jede* Übung und *jedes* Übungselement so intensiv und sorgfältig mit dem Hund trainieren, dass auch die kleinsten Inkorrektheiten bei *beiden* Partnern beseitigt werden und wir mit dem Hund bei der Arbeit eine *vollkommen* harmonische Einheit bilden. Diese Einheit ist aber nicht nur eine Folge des Spezialtrainings, sondern hängt auch von der Erfüllung einiger wichtiger Punkte ab. Im Wesentlichen sind dies folgende:

1. Menschentyp und Hundetyp müssen gut zusammenpassen und eine natürliche Rangordnung bilden.
2. Hundeführer und Hund müssen den Lernstoff bis ins kleinste Detail beherrschen.
3. Hundeführer und Hund müssen in jeder Arbeitsphase ein wirkliches Team bilden und dürfen nicht eigenwillig handeln.

Leider werden aber im Hinblick auf diese drei Punkte viele Fehler gemacht, so dass die Mensch-Hund-Beziehung oft eine Disharmonie bei der Arbeit aufweist.

III. Der Schutzhund

Der echte Schutzhund ist das eigentliche Ziel *aller* züchterischen und erzieherischen Maßnahmen. Er besitzt einen gewissen Seltenheitswert, weil ihn im Grunde weniger die andressierten Verhaltensweisen als vielmehr die natürlichen Wesensanlagen für seine Aufgabe qualifizieren. Denn er sollte, vermenschlicht ausgedrückt, einen starken Sinn für Verantwortung, Bewusstsein, Vernunft, Unterscheidungsvermögen und Mut besitzen. Die Vorteile dieser natürlichen Anlagen bestehen beim echten Schutzhund unter anderem darin, dass er

- aufgrund seiner „Verantwortung" für das, „was sein ist", seinen zu beschützenden Heimbezirk nicht wegen einer zufällig in seinem Bereich befindlichen Person verlässt, um diese zu beißen;

- genauestens seine Umgebung kennt und weniger dem Beißdrang unterworfen ist als ein auf Angriff trainierter Hund;
- eine bessere „Urteilskraft" besitzt, weil er zum Beispiel kaum eine zu beschützende Person verlassen wird, um eine außerhalb seines Bereiches liegende äußere Erscheinung zu erkunden;
- in der Art seiner Durchführungen genauso gut unterscheidet wie in seinen „Beschlüssen". Zum Beispiel wird er in bestimmten Situationen bekannte Personen nur warnen, während er in der gleichen Lage Fremdpersonen sofort angreift.

Diesen natürlichen Vorzügen stehen jedoch insofern auch Nachteile gegenüber, als dieser Hundetyp zum Beispiel

- viel seltener zu erhalten ist als irgendein anderer;
- schwieriger zu testen und weniger anschaulich vorzuführen ist als der dressierte Hund, denn er reagiert nicht aufgrund eines erlernten Verhaltens, sondern wird mehr durch das, „was er fühlt", zum Beschützen und Kämpfen motiviert;
- weniger physische Effekte besitzt als ein ausgebildeter Hund;
- in einigen Situationen nur warnt oder „Theater spielt", in denen ein anderer Hund bereits angreifen würde.

Auf der anderen Seite besitzt der ausgebildete Schutzhund auch seine Vor- und Nachteile, die wir kennen sollten. So hat zum Beispiel der auf den Mann trainierte Schutzhund den Vorteil, dass

- seine Bereitschaft zum Schützen und Kämpfen leichter zu testen ist;
- er in vielen Angriffssituationen mehr Sicherheit zeigt, als ein natürlich veranlagter, unausgebildeter Hund es tun würde und
- sein Ruf als ausgebildeter Schutzhund viele Eindringlinge abschreckt.

Die Nachteile seiner Ausbildung bestehen zum Beispiel darin, dass er

- von Personen zum Beißen stimuliert werden kann, die sich unwissend wie ein Angreifer verhalten;
- von jeder Person leicht geärgert werden kann und seine Reaktionen sich oft über seine „Einsicht" und sein gutes „Urteil" hinwegsetzen und
- selten die feine Unterscheidung besitzt, die sich auf das Gefühl der „Verantwortung" stützt.

Diese sehr vermenschlicht dargestellten Unterschiede zwischen dem natürlich veranlagten und dem ausgebildeten Schutzhund sollen in erster Linie zeigen, dass ein Schutzhund umso sicherer und zuverlässiger seine Aufgabe löst, je mehr positive Wesensveranlagungen er geerbt hat und je besser ausgeprägt diese Anlagen vorhanden sind.

Aufgrund dieser Tatsache sollte der echte Schutzhund folgende Eigenschaften besitzen:

- ein absolut sicheres Wesen
- eine hohe bis mittlere Reizschwelle
- Schussfestigkeit
- Unerschrockenheit
- Furchtlosigkeit
- Härte
- Ausdauer
- eine gute Assoziations- und Kombinationsbegabung
- eine sehr enge Bindung an seinen Herrn
- gute Führigkeit
- ausgeprägten Kampf- und Schutztrieb
- erwünschte Schärfe
- Beutetrieb
- Bringtrieb
- Spürtrieb und Stöbertrieb

In manchen Situationen ist auch ein gewisser Wachtrieb angebracht.
Unnötig und unerwünscht sind auf jeden Fall:

- Wesensschwäche
- Schussempfindlichkeit
- eine niedrige bis niedrigste Reizschwelle
- Ängstlichkeit
- Scheuheit
- Weichheit
- eine geringe Bindung an seinen Herrn
- Misstrauen
- Jagdtrieb

Der Schutzhund sollte ebenso wie der Sporthund schon als Welpe erworben und von Anfang an zielgerichtet aufgebaut werden. Dieser Aufbau sollte zunächst dem Werdegang des Sporthundes entsprechen. Ist der Hund dann zwei Jahre alt, erfolgt das praxisbezogene Ergänzungstraining. Dabei sind Fehlverknüpfungen unbedingt zu vermeiden, weil der Schutzhund dadurch zu einer stets ungesicherten Waffe werden kann, vor allem dann, wenn er nicht voll in der Hand des Führers steht.

Die Vorteile der natürlichen Eigenschaften eines echten Schutzhundes sind durch die Ausbildung so zu vervollkommnen, dass die Nachteile des natürlichen und des andressierten Verhaltens weitestgehend beseitigt werden. Nur wenn uns dies gelingt, besitzen wir im wahrsten Sinne des Wortes den idealen Schutzhund, der nicht mit Geld zu bezahlen ist.

Selbstverständlich gibt es auch für das praxisbezogene Ergänzungstraining kein einheitliches Rezept, sondern nur gewisse Grundlagen und Voraussetzungen, die für eine erfolgreiche Arbeit berücksichtigt werden sollten. Unter anderem sind dies folgende fünf Punkte:

1. Wie bereits ausgeführt, sollte der echte Schutzhund
    a) einen hohen Grad an ererbten positiven Schutzhundanlagen besitzen,
    b) als Welpe erworben und von Anfang an zielgerichtet aufgebaut werden,
    c) alle sportlichen Schutzhundprüfungen erfolgreich absolviert haben,
    d) mindestens zwei Jahre alt sein, weil er dann erst körperlich und „geistig" ausgereift ist.
2. Der Schutzhund sollte während seiner „Grundausbildung" auf sportlicher Ebene in seinem aggressiven Verhalten nicht überzogen oder fehlgeleitet werden. Seine Reaktionen auf bestimmte Verhaltensweisen der Menschen und der Umwelt sollten also *niemals* seine ererbte Aggressionsbereitschaft und seine natürlichen Schutzhandlungen ersetzen, sondern diese nur *optimal* ausbauen und absichern.
3. Der Schutzhund sollte grundsätzlich lernen, seine Reaktionen nur den jeweiligen Reaktionen seines menschlichen „Gegners" anzupassen und *nicht* der Person selbst, ihrer Bekleidung oder ihren Lautäußerungen. So sollte der Hund zum Beispiel nur auf den Angriff eines Menschen reagieren, nicht aber auf die Person des „Täters" selbst. Genauso sollte er eine ruhig verharrende Person, unabhängig von ihrer Bekleidung, nur stellen und verbellen und *niemals* durch Anspringen, Beißversuche, Zufassen oder sonstige Ersatzhandlungen belästigen oder verletzen.
4. Der Schutzhund sollte *absolut* fest in der Hand des Hundeführers stehen und in jeder Angriffssituation seinen diversen Sicht- oder Hörzeichen *sofort* und *kompromisslos* gehorchen. Zum Beispiel sollte der Hund

a) in jeder Angriffsphase durch das Hörzeichen „Platz" völlig zuverlässig ausgeschaltet werden können;

b) auf das einmalige Hörzeichen „Aus" sofort und bedingungslos auslassen und nicht mehr nachbeißen oder andere Angriffsreaktionen ausführen;

c) durch ein besonderes, nur dem Hundeführer bekanntes Hörzeichen schlagartig aus einer neutralen Einstellung zu fremden Personen in eine feindliche versetzt werden können.

5. Der Schutzhund sollte mit möglichst *vielen* alltäglichen kritischen Umweltsituationen vertraut gemacht werden, in denen sein Schutzverhalten erforderlich werden kann. Zum Beispiel sollte der Hund lernen,

a) alle Fremdpersonen zunächst durch Drohgebärden zu warnen und erst bei Überschreitung einer gewissen kritischen Distanz anzugreifen;

b) alle Personen, Bereiche und Objekte seines Mensch-Hund-Rudels wie Hundeführer, Familienmitglieder, Grundstück, Wohnung, Auto, Gegenstände usw. vor Übergriffen durch fremde Menschen in jeder Situation zuverlässig zu schützen;

c) einen Feind aus und in jeder Position zielgerichtet anzugreifen und zu stellen, so z. B. aus dem Fenster eines Pkw, über künstliche und natürliche Hindernisse hinweg oder einen Radfahrer.

6. Dem Schutzhund sollten die speziellen Verhaltensweisen ebenso in kleinen Schritten gelehrt werden wie die sportlichen Tätigkeiten. Doch sollte das Spezialtraining, wie schon erwähnt, *niemals* auf einem bestimmten Platz stattfinden, sondern *stets* in wechselnder Umgebung und unter *ständig* geänderten Bedingungen. Dabei sollte der Hund systematisch an möglichst viele ablenkende Reize gewöhnt werden, die in die Übungen einzubeziehen sind.

7. Der Schutzhund sollte *genau* zu unterscheiden lernen zwischen der weisungsgebundenen sportlichen Tätigkeit auf dem Übungsplatz und seiner zum Teil selbstständigen zivilen Arbeit im privaten Bereich. Dies ist bei einer absolut klaren und konsequenten Ausbildung möglich.

8. Der Unterschied zwischen dem Sporthund und dem Schutzhund ist am besten in den „Stell- und Ausphasen" bzw. „Nicht-Kampf-Phasen" des Schutzdienstes zu erkennen. Denn in diesen Phasen wirkt sich folgende Tatsache am deutlichsten aus (s. Abb. 1 und 2): Der Hund demonstriert einen aufkommenden oder bestehenden Konflikt oder eine Frustration in der Regel durch erregte Gebärden und diverse Lautäußerungen. Dabei entscheidet der Grad seines *seelischen* Zustandes über den Grad seiner Ausdrucksweisen.

Abb. 1

Abb. 1 zeigt einen sich erregt gebärdenden, beuteorientierten Sporthund mit großer Bell-Freudigkeit = Leichtverbeller, der vom Helfer den Schutzarm mit hohen Bell-Lauten fordert. Dabei signalisiert sein Körper ein gezieltes Spielverhalten.

Abb. 2 zeigt einen sich ruhig gebärdenden, helferorientierten Schutzhund mit geringer Bell-Freudigkeit = Schwerverbeller der den Helfer mit tiefen Bell-Lauten warnt. Dabei signalisiert sein Körper ein gezieltes Ernstverhalten.

Abb. 2

IV. Der Wachhund

Die älteste Verwendungsart des Hundes ist die eines Wächters. Seine allgemeine Aufgabe besteht darin, seinen Herrn vor einem Feind oder einer Gefahr zu warnen und evtl. einen Störenfried aufzuhalten. Diese im Grunde simple Aufgabe könnte von allen Hundetypen gelöst werden, vorausgesetzt, sie besitzen die entsprechenden Eigenschaftskonstellationen. Da diese bei jedem Tier aber andersartig gelagert sind, ist sogar ein Wachhund nicht immer gleich ein Wachhund. Deshalb unterscheiden wir, je nach Schwerpunkt, im Allgemeinen zwei Arten von Wachhunden:

1. den alarmierenden Wächter, dessen alleinige Aufgabe es ist, Alarm zu geben und
2. den wehrhaften Wächter, der Alarm gibt und notfalls einen Störenfried durch kämpferischen Einsatz vertreibt.

Diese Einteilung der Wachhunde ist im Grunde aber unvollständig, weil der wohl am häufigsten vorkommende Typ fehlt:

3. der drohende Wächter, der Alarm gibt und einen Störenfried durch körperliche Drohung aufhält.

Auf den ersten Blick scheint diese Klassifizierung für viele Hundebesitzer nicht sehr bedeutungsvoll zu sein. In der Praxis ergeben sich daraus jedoch erhebliche Konsequenzen, wie durch die nachfolgenden Untersuchungen deutlich wird.

A. Der alarmierende Wächter

Die Aufgabe eines alarmierenden Wächters besteht nur darin, Alarm zu geben. Er sollte vor allem jede Person, die sich seinem zu bewachenden Gebiet nähert, so früh wie möglich entdecken und sie durch lautes Gebell dem Besitzer anzeigen. Der Alarmhund sollte zwar nicht gerade das „Gras wachsen hören", aber doch auf jede ungewöhnliche Störung rechtzeitig und lautstark reagieren.

Diese Verhaltensweise wird immer dort notwendig sein, wo wir das körperliche Drohen oder den kämpferischen Einsatz des Hundes nicht gestatten können oder wo eine andere Reaktion des Hundes nicht erforderlich ist, zum Beispiel an Plätzen, an denen der Besitzer des Hundes auf die wenigen Personen nur aufmerksam gemacht werden will, die ihn besuchen.

Diese Aufgabenstellung hat zur Folge, dass wir uns mit minimalen Anforderungen an sein Wesen und an seinen Körperbau begnügen können. Denn der alarmierende Wächter braucht sich weder in physischer noch in psychischer Weise stark einzusetzen. Es genügt völlig, wenn er folgende Eigenschaften besitzt:

- eine möglichst niedrige Reizschwelle
- eine gewisse Härte
- eine enge Bindung an seinen Herrn und Heimbezirk
- einen ausgeprägten Wachtrieb
- ein ausgeprägtes Misstrauen

In manchen Situationen könnte vielleicht eine gewisse Wesenssicherheit und eine gewisse Schussfestigkeit erforderlich werden.

Unnötig und unerwünscht sind beim Alarmhund jedoch:

- extreme Ängstlichkeit und Scheuheit
- Ausdauer
- gute Assoziations- und Kombinationsbegabung
- gute Führigkeit
- Kampftrieb
- Schutztrieb
- Schärfe
- Beutetrieb
- Bringtrieb
- Spürtrieb
- Stöbertrieb
- Jagdtrieb
- physische Stärke

Allgemein können wir sagen, dass gewisse Wesensschwächen des Hundes für seine Alarmfunktion durchaus von Vorteil sind. Vor allem die mit den Wesensschwächen oft verbundene gewisse Unsicherheit, Ängstlichkeit und Scheuheit gegenüber allem Neuen und Unbekannten sind für die zuverlässige Erfüllung seiner Aufgabe sogar notwendig.

Die Auswahl eines alarmierenden Wächters ist in der Regel nicht sehr schwierig und kann beim Welpen und Junghund an Hand der in dem Buch „Vom Welpen zum idealen Schutzhund" beschriebenen Kauftests durchgeführt werden. Hierbei genügt es, wenn der Hund anlagemäßig zu dieser Aufgabe tendiert.

Bei allen höheren Altersstufen sollten wir während eines Alarmtests prüfen, ob der Hund für die Aufgabe eines alarmierenden Wächters geeignet ist. Dabei gilt allgemein folgender Grundsatz: Je ausgeprägter das Misstrauen und der Wachtrieb eines Hundes sind und je weniger er sich durch störende Umweltreizen von seiner Aufgabe ablenken lässt, desto geeigneter ist er als Alarmhund.

Den Test selbst führen wir in zwei Phasen durch, wobei wir nur das Verhalten des Hundes sorgfältig zu beobachten und zu notieren brauchen.

- **Phase 1:**

Zunächst stellen wir genau fest, von wem wir einen alarmierenden Wächter erwerben können. Dann statten wir dem Besitzer einen überraschenden Besuch ab, damit wir sehen, wie der Hund für gewöhnlich reagiert. Dies ist sehr wichtig. Denn kündigen wir unser Kommen vorher dem Besitzer an, dann kann es geschehen, dass sich der Hund auf unser Erscheinen speziell „vorbereitet" benimmt. Bei diesem Vorhaben notieren wir dann genau alle wichtigen Tatsachen, wie zum Beispiel:

1. Schlägt der Hund schon bei unserer Annäherung an oder bellt er erst, wenn wir seinen Heimbezirk betreten?
2. Bellt der Hund viel und ausdauernd oder nur wenig und unbeständig?
3. Ist der Hund ein Dauerbeller, weil er auf jede noch so geringe Umweltstörung reagiert?
4. Basiert seine Wachsamkeit auf extremer Ängstlichkeit und Scheuheit oder ist sie das Ergebnis eines erwünschten Temperaments?
5. Wie ist das Verhältnis zu seinem Herrn und zu seinem Heimbezirk?
6. Wie benimmt sich der Hund gegenüber knallartigen Geräuschen?

- **Phase 2:**

Wenn wir den Hund besuchen, sollten wir ein bis zwei andere Personen mitnehmen. Diese haben sich dann in einer kurzen Entfernung vom Heimbezirk des Hundes so lange aufzuhalten, bis Phase 1 abgeschlossen ist. Wir gehen aber nicht weg, sondern bleiben in Sicht des Hundes abwartend stehen. Dabei beobachten wir genau seine Reaktionen, während sich diese Personen auf ein Zeichen hin nun ebenfalls dem Heimbezirk des Hundes nähern. Wir stellen fest:

1. Ist der Hund durch unsere Anwesenheit so abgelenkt, dass er die individuelle Annäherung der anderen Personen nicht mehr beachtet?
2. Zeigt der Hund trotz unserer Abwesenheit noch genug „Verantwortung", auch diese neue Ankunft von Menschen anzuzeigen?

3. Ab wann und wie intensiv interessiert sich der Hund für die erneute Störung?

Der Aufbau des alarmierenden Wächters ist im Grunde sehr einfach, weil wir im Wesentlichen nur diejenigen Fähigkeiten intensiv zu schulen brauchen, die der Hund für seine Wachfunktion benötigt: *das Misstrauen und den Wachtrieb*. Doch sollten wir das Training ebenfalls *von Anfang an* und mit absoluter Konsequenz durchführen. Damit wir aber später keine Enttäuschung erleben, sollten wir bei dieser Arbeit einige Punkte beachten:

1. Das natürliche Bellverhalten des Hundes sollten wir *von Anfang an nie* ignorieren, sondern *sofort* systematisch unterstützen und bestätigen. Jedoch sollten wir darauf achten, dass der Hund nicht auf jede noch so geringe Umweltstörung durch Bellen reagiert, sonst könnte er zum Dauerbeller werden.
2. Das Misstrauen des Hundes sollten wir gegenüber fremden Personen dadurch fördern, dass der Hund *ständig* negative Erfahrungen mit diesem Personenkreis sammelt.
3. Den Wachtrieb des Hundes sollten wir so ausbauen, dass er bereits die Annäherung einer Fremdperson an den Heimbezirk anzeigt und nicht erst ihr Vorhandensein.
4. Den Hund sollten wir *schrittweise* daran gewöhnen, jede neue Gefahr auch unter Ablenkung zuverlässig anzuzeigen.
5. Der Hund sollte in erster Linie sich bewegende Personen und weniger verharrende anzeigen.

Zusammengefasst können wir feststellen: Der alarmierende Wächter besitzt Wesensschwächen, die zwar für seine Alarmfunktion von Vorteil sind, nicht aber für eine andere Aufgabe. Daraus folgt: Da der alarmierende Wächter sich nur zu Alarmzwecken eignet, sollte er

- vor der Anschaffung grundsätzlich getestet werden.
- nur dann erworben werden, wenn er sich für diese Tätigkeit auch wirklich eignet.
- auch auf diese einfache Aufgabe zielgerichtet vorbereitet werden.

B. Der drohende Wächter

Der drohende Wächter hat die Aufgabe, sowohl Alarm zu geben als auch zu drohen. Dies bedeutet: Der drohende Wächter soll wie der alarmierende Wächter jede Person durch lautes Gebell anzeigen, die sich seinem zu bewachenden Gebiet nähert. Doch darf der drohende Wächter im Gegensatz zum reinen Alarmhund vor einem auf ihn zukommenden fremden Menschen nicht weglaufen. Er sollte sich ihm stellen und ihn durch körperliche Drohung am Weitergehen in seinen Heimbezirk hindern.

Diese Verhaltensweise ist besonders in Situationen nützlich, in denen ein Alarm notwendig und eine Drohung erforderlich ist, der kämpferische Einsatz des Hundes aber nicht gestattet werden kann, so zum Beispiel an Orten, an denen der Besitzer die Ankunft jeder Person erfahren muss, diese aber gleichzeitig vor dem Überschreiten gewisser Grenzen eindrucksvoll gewarnt wissen will.

Da diese Aufgabe schon einen höheren Grad an physischem und psychischem Einsatz verlangt, sollten wir bei der Auswahl des drohenden Wächters mehr Sorgfalt walten lassen als bei der Wahl eines Alarmhundes. Vor allem kommt den positiven Wesensmerkmalen eine größere Bedeutung zu, weil der Hund im entscheidenden Augenblick nicht vor der Fremdperson fliehen darf.

Der drohende Wächter braucht zwar nicht übermäßig aggressiv oder scharf zu sein, aber sein körperliches Drohen, das zum Wehrverhalten des Hundes gehört, sollte entsprechend überzeugen. Die Drohgebärden wie Bellen, Knurren, Zähnefletschen usw., die letztlich einen Gleichgewichtszustand zwischen Flucht und Angriff darstellen, sollten möglichst in Richtung Angriff tendieren, weniger dagegen ein Fluchtverhalten beinhalten, d. h., die aggressiven Drohgebärden sollen so wehrhaft wirken, dass sie den Gegner einschüchtern und ihn am Weitergehen hindern. Die Fremdperson muss also ein weiteres Vorgehen meiden.

Diese aggressive Drohung setzt jedoch voraus, dass der Hund mindestens folgende Wesenseigenschaften besitzen sollte:

- eine gewisse Wesenssicherheit und Schussfestigkeit
- eine mittlere bis niedrige Reizschwelle
- ein bestimmtes Maß an Unerschrockenheit und Furchtlosigkeit
- eine gewisse Härte
- eine enge Bindung an Herrn und Heimbezirk
- bedingten Schutztrieb
- ausgeprägten Wachtrieb
- ein gesundes Misstrauen

Für bestimmte Bereiche können eine gewisse Schärfe und der Stöbertrieb vorteilhaft sein.

Unnötig und unerwünscht für die Erfüllung seiner Aufgaben als drohender Wächter sind:

- eine zu hohe oder zu niedrige Reizschwelle
- größere Ängstlichkeit und Scheuheit
- Ausdauer
- gute Assoziations- und Kombinationsbegabung
- gute Führigkeit
- Kampftrieb
- Beutetrieb
- Bringtrieb
- Spürtrieb
- Jagdtrieb

Ebenso wie den alarmierenden Wächter sollten wir auch den drohenden Wächter vor dem Kauf testen. Dabei gibt es für alle höheren Altersstufen ebenfalls eine allgemeine Faustregel: Je überzeugender ein wachsamer Hund droht und je weniger er sich von anderen Störreizen bei seiner Aufgabe ablenken lässt, desto geeigneter ist er als drohender Wächter.

Die Erprobung selbst wird in zwei Teile unterteilt.

- **Teil 1:**

Zunächst stellen wir die Grundlage und die Intensität seiner Wachsamkeit fest. Dabei verfahren wir, wie unter den Phasen 1 und 2 der Test für den alarmierenden Wächter beschreibt. Entspricht der Wachsamkeitsgrad unseren Vorstellungen, dann studieren wir seinen Mut und sein Drohverhalten analog dem Teil 2.

- **Teil 2:**

Der drohende Wächter wird innerhalb seines Heimbezirks entweder unangebunden hinter einem Zaun gehalten oder an einem freien Platz fest angebunden, ohne dass er den Besitzer sehen kann. Denn dessen Anwesenheit könnte die Reaktionen des Hundes beeinflussen. Wir selbst begeben uns an einen verborgenen Ort, von dem wir den Testverlauf gut beobachten können. Der Drohtest verläuft in drei Phasen.

- **Phase 1:**

Sobald sich der allein gelassene Hund wieder beruhigt hat, tritt eine zweite Fremdperson als Tester in Aktion. Auf Anweisung nähert sich der Helfer in normaler Gangart dem Heimbezirk des Hundes. Dabei trägt er in der einen Hand einen Jutesack und in der anderen eine ungeladene Schreckschusspistole. Ohne sich um das alarmierende Bellen des Hundes zu kümmern, geht die Hilfsperson ruhig auf den Hund zu. Während dieses Vorganges sollten wir folgende Punkte beachten:

1. Wie reagiert der Hund, wenn der Helfer in normaler Gangart auf ihn zugeht und sich dabei ruhig verhält?
2. Ab welcher Distanz beginnt der Hund zu drohen und welches Drohverhalten zeigt er?
3. Steigert sich mit abnehmender Entfernung sein Drohverhalten oder werden seine Drohgebärden immer unsicherer, je näher die Fremdperson kommt?
4. In welchem Abstand schlägt das aktive Drohen in passives Drohverhalten um?
5. Welche Verhaltensweise zeigt der Hund, wenn der Helfer drei bis vier Schritte vor dem Hund ruhig stehen bleibt?

- **Phase 2:**

Droht der Hund dem ruhig vor ihm stehenden Helfer weiter, dann macht der Helfer seinerseits eine drohende Bewegung gegen den Hund und verhält sich sofort wieder abwartend. Welche Reaktionen beobachten wir jetzt:

1. Droht der Hund ruhig weiter oder nimmt sein Drohverhalten sogar an Intensität zu?
2. Lässt sich der Hund einschüchtern und gehen seine Drohgebärden in Fluchtverhalten über?
3. Welche Verhaltensweisen zeigt der Hund nach dieser Drohprobe?

- **Phase 3:**

Hat der Hund den Drohtest bestanden, studieren wir seine Reaktion, wenn der Helfer plötzlich den Sack gegen ihn schwingt, mit der Pistole zwei- bis dreimal klickt und anschließend aus dem Heimbezirk des Hundes flüchtet:

1. Bleibt der Hund durch diesen Scheinangriff unbeeindruckt und fährt er fort, gegen den Helfer zu drohen?
2. Unternimmt der Hund vielleicht sogar eine aggressive Angriffsbewegung gegen den Helfer?
3. Gewinnt das Meideverhalten endgültig die Oberhand und weicht der Hund ängstlich zurück?

Ebenso wie der alarmierende Wächter sollte auch der drohende Wächter auf seine Aufgabe *konsequent* vorbereitet werden. Dabei sollten wir neben dem Misstrauen und dem Wachtrieb vor allem seine Unerschrockenheit und Furchtlosigkeit stärken. Dieses Training führt aber nur dann zum Erfolg, wenn wir auch hierbei einige Punkte beachten:

1. Das Drohverhalten des Hundes sollten wir wie das Bellverhalten *von Anfang an* systematisch fördern und unterstützen. Dabei sollte der Hund *niemals* die Erfahrung machen, dass seine Drohgebärden von fremden Menschen nicht beachtet werden.
2. Die Bedrohung des Hundes sollten wir *stets* so dosieren, dass seine aktiven Drohgebärden *nie* in Fluchtverhalten umschlagen. Dies bedeutet: Das Drohverhalten des Hundes sollte *stets* dazu führen, dass die bedrohte Person absolut ruhig stehen bleibt.
3. Den Hund sollten wir *schrittweise* lehren, die Intensität seiner Drohgebärden zu steigern, je mehr die Fremdperson sich ihm nähert.
4. Den Hund sollten wir *langsam* daran gewöhnen, sowohl unter Ablenkung zu arbeiten als auch vor plötzlichen Drohbewegungen und Scheinangriffen nicht zurückzuweichen bzw. sie mit einer aggressiven Angriffsbewegung zu beantworten.

Zusammengefasst können wir feststellen: Bei der Auswahl eines drohenden Wächters ist die Körperhaltung des Hundes bei einer Bedrohung durch eine Fremdperson entscheidend. Dies bedeutet: Je positiver die beiden gleichzeitig aktivierten Antriebsquellen des Angriffs (Wehrtrieb) und der Flucht (Meideverhalten) in den Drohgebärden vorherrschen, desto überzeugender wirkt die körperliche Drohung des Hundes. Da andererseits aber die Wesenseigenschaften des drohenden Wächters ebenfalls kaum einen anderen Verwendungszweck zulassen, sollten wir auch bei diesem Hundetyp darauf achten, dass er

- vor der Anschaffung grundsätzlich getestet wird.
- nur dann erworben wird, wenn er sich für diese Tätigkeit auch wirklich eignet.
- auch auf diese Drohaufgabe systematisch vorbereitet wird.

C. Der wehrhafte Wächter

Die Aufgabe des wehrhaften Wächters beinhaltet den Alarm, die körperliche Drohung und notfalls den kämpferischen Einsatz. Dies bedeutet: Der wehrhafte Wächter soll wie der alarmierende Wächter jede sich nähernde Fremdperson durch lautes Gebell anzeigen, diese Person am Weitergehen in seinem Heimbezirk durch körperliche Drohung hindern und bei weiterem Vorgehen durch kämpferischen Einsatz aufhalten.

Der wehrhafte Wächter ist besonders für Aufgaben geeignet, bei denen ein Alarm erwünscht, eine körperliche Drohung notwendig und ein Angriff auf eine Fremdperson erforderlich werden kann. So zum Beispiel an Stellen, an denen der Besitzer allgemein alarmiert, die Fremdperson durch Drohgebärden vor dem Weitergehen gewarnt und ein bestimmter Bereich notfalls durch kämpferischen Einsatz gesichert werden soll.

Diese zusätzliche wehrhafte Verhaltensweise hat zur Folge, dass wir bei der Auswahl des wehrhaften Wächters noch mehr als beim drohenden Wächter auf die positiven Wesensveranlagungen zu achten haben. Denn er soll nicht nur den „Mut" zum überzeugenden Drohen besitzen, sondern bei Überschreitung einer bestimmten physischen oder psychischen Belastung zum Angriff übergehen. Die Form dieses Kampfverhaltens sollte jedoch nicht die eines typischen Angstbeißers sein, der bei Überschreitung einer bestimmten kritischen Distanz nach vorne flieht und mit dem „Mut der Verzweiflung" angreift. Eine solche Reaktion ist zwar bei einem drohenden Wächter durchaus ein gewisser Vorteil, jedoch sollte das Wehrverhalten beim wehrhaften Wächter anderen Motivationen als der Flucht entspringen.

Damit der Hund diese Anforderungen aber erfüllen kann, muss er folgende Eigenschaften besitzen:

- Wesenssicherheit
- Schussfestigkeit
- eine mittlere Reizschwelle
- Unerschrockenheit
- Furchtlosigkeit
- eine gewisse Härte
- enge Bindung an Herrn und Heimbezirk
- Kampftrieb
- Schutztrieb
- erwünschte Schärfe
- Wachtrieb
- Misstrauen
- Stöbertrieb

Für bestimmte Aufgaben können eine gute Führigkeit und der Spür-trieb erforderlich werden.

Unnötig und unerwünscht dagegen sind:

- Schussempfindlichkeit
- zu niedrige Reizschwelle
- Ängstlichkeit
- Scheuheit
- Weichheit
- Ausdauer
- gute Assoziations- und Kombinationsbegabung
- eine enge Bindung nur an seinen Herrn
- ausgeprägtes Misstrauen
- Beutetrieb
- Bringtrieb
- Jagdtrieb

Die Durchführung von Eignungstests ist beim wehrhaften Wächter vor der Anschaffung noch wichtiger als bei den zwei anderen Wach-hundtypen. Denn der wehrhafte Wächter stellt eine gewisse „Vertei-digungswaffe" dar, die zwar nicht bei jedem „Einsatz" unkontrolliert agieren darf, im Notfall aber zuverlässig und erfolgreich funktionieren muss.

Der allgemeine Grundsatz für alle höheren Altersstufen hierbei lautet: Je sicherer und „mutiger" der Hund bei einer bestimmten in-dividuellen Belastung die Fremdperson angreift und je weniger er sich von anderen störenden Umweltreizen bei seiner Aufgabe ablenken lässt, desto geeigneter ist er als wehrhafter Wächter.

Bei diesem Typ wird die Erprobung in vier Teilen durchgeführt.

- **Teil 1:**
Zunächst stellen wir wieder, analog der Phasen 1 und 2 des Tests für den alarmierenden Wächter, den Grad seiner Wachsamkeit fest.

- **Teil 2:**
Anschließend testen wir, entsprechend der Phase 1 bis 3 für den dro-henden Wächter, die Wirksamkeit seiner Drohgebärden.

- **Teil 3:**
Hat sich der Hund nach den zwei vorangegangenen Erprobungen wieder beruhigt, studieren wir zuerst seine Wehrhaftigkeit in ange-bundenem Zustand. Dabei wird der Hund innerhalb seines Heim-

bezirkes an einem freien Platz mit einer reißfesten Leine oder Kette fest angebunden. Ohne dass der Hund seinen Besitzer oder uns sieht, wird er von einer Hilfsperson getestet. Diese nähert sich auf Anweisung in normaler Gangart dem Heimbezirk des Hundes und geht bis auf drei bis vier Schritte an den Hund heran. Dabei trägt der Helfer in der einen Hand einen Jutesack und in der anderen einen etwas längeren, biegsamen Stock.

Scheinbar beeindruckt von den körperlichen Drohgebärden des Hundes bleibt der Tester zunächst ruhig stehen. Nach einer Weile geht er plötzlich mit drohenden Bewegungen weiter auf den Hund zu. Dabei schlägt er zuerst mit dem Stock einige Male horizontal über den Hund hinweg und schwingt dann den Sack gegen den Hund. Fasst der Hund den Sack und reißt daran, lässt der Helfer diesen sofort los, weicht erschrocken zurück und verlässt den Heimbezirk.

Für unser Urteil sind dabei folgende Punkte wichtig:

1. Wie verhält sich der Hund, wenn der Helfer plötzlich mit drohenden Bewegungen weiter auf den Hund zugeht:
   a) Geht der Hund sofort zum Angriff über?
   b) Werden die Drohgebärden des Hundes aggressiver?
   c) Wird der Hund unsicher und weicht er drohend zurück?
2. Wie reagiert der Hund, wenn über ihn der Stock „pfeift":
   a) Bleibt der Hund unbeeindruckt und versucht er weiter, den Helfer zu fassen?
   b) Richtet der Hund seine Aggression gegen den Stock?
   c) Weicht der Hund erschrocken und beeindruckt zurück?
3. Wie reagiert der Hund, wenn der Helfer gegen ihn den Sack schwingt:
   a) Fasst der Hund sofort fest zu und versucht er, dem Helfer den Sack zu entreißen?
   b) Fasst der Hund unsicher zu und hält er zaghaft fest?
   c) Ist der Hund durch den Stock und den Sack so beeindruckt, dass er aufgibt?
4. Was macht der Hund, wenn der Helfer ihm den Sack überlässt und erschrocken zurückweicht:
   a) Lässt der Hund sofort den Sack los und versucht er weiterhin, den Helfer anzugreifen?
   b) Beschäftigt sich der Hund nur noch mit dem Sack?
   c) Lässt der Hund den Sack los und verhält er sich teilnahmslos?

- **Teil 4:**

Bestehen noch Zweifel hinsichtlich der Wehrhaftigkeit des Hundes, dann können wir einen zweiten Versuch starten:

Dem Hund wird ein beißsicherer Maulkorb umgelegt und hinter einem Zaun, der eine Tür enthalten muss, freier Auslauf gewährt. Auf Anweisung geht der Helfer zunächst bis an die Pforte heran und bleibt eine Weile abwartend stehen. Dann öffnet er diese und geht unerschütterlich auf den Hund zu. Dabei trägt er diesmal in der einen Hand den Jutesack und in der anderen eine Zündplättchenpistole. Mit der Pistole schießt er einige Male in die Luft und mit dem Sack versetzt er dem Hund einen kräftigen Schlag. Daraufhin zieht er sich sofort wieder vom Areal des Hundes zurück, schließt die Pforte und entfernt sich.

Unser Augenmerk richtet sich bei dieser Aktion auf folgende Punkte:

1. Wie benimmt sich der Hund allgemein, nachdem ihm der Besitzer den Maulkorb angelegt hat:
   a) Wird der Hund wütend und versucht er, ihn abzustreifen?
   b) Läuft der Hund unsicher herum und versucht er, ihn abzustreifen?
   c) Ist der Hund völlig deprimiert und steht er eingeschüchtert herum?
2. Wie verhält sich der Hund, wenn der Helfer an den Zaun tritt:
   a) Erfüllt der Hund seine Pflicht mit Maulkorb ebenso wie ohne?
   b) Muss der Hund an seine Aufgabe „erinnert" werden?
   c) Ist dem Hund der Maulkorb wichtiger als der Fremde?
3. Wie reagiert der Hund, wenn der Helfer in sein Gebiet eindringt und geradewegs auf ihn zugeht:
   a) Greift der Hund sofort den Fremden an?
   b) Bleibt der Hund unerschütterlich stehen und droht er?
   c) Zieht sich der Hund Schritt für Schritt vor dem Fremden zurück?
4. Was macht der Hund, wenn der Helfer in die Luft schießt und ihm einen kräftigen Schlag mit dem Sack versetzt:
   a) Wird der Hund jetzt erst richtig wild und versucht er dabei, seinen Maulkorb abzustreifen, um beißen zu können?
   b) Kämpft der Hund in irgendeiner Form weiter gegen den Fremden?
   c) Beschränkt sich der Hund auch hierbei nur auf die körperliche Drohung?
   d) Ist der Hund sehr stark beeindruckt und zieht er sich zurück?

Diese Eignungstests, die vor dem Erwerb des wehrhaften Wächters ebenfalls durchgeführt werden sollten, setzen mehr noch als bei den anderen zwei Wachhundtypen voraus, dass wir das Verhalten des Hundes *richtig* beurteilen können. Dazu ist es in erster Linie erforderlich, dass wir das Abhängigkeitsverhältnis zwischen Wehrtrieb und Meideverhalten kennen. Wehrtrieb und Meideverhalten sind die beiden Pole des Aggressionsverhaltens eines Hundes. Sie werden beide durch dieselben Schlüsselreize ausgelöst. Die Verhaltensweise, die der Hund bei einer offenen Aggression zeigt, ist hierbei im Wesentlichen abhängig von der Intensität seiner Wesenssicherheit und der Art der Bedrohung. Dies bedeutet: Je größer die Nervenstärke und Selbstsicherheit eines Hundes sind, desto belastbarer ist er im Wehrtrieb. Je mehr Arten menschlichen Drohverhaltens der Hund zu widerstehen gelernt hat, desto selbstsicherer ist er in seinem Wehrverhalten.

Ferner wird vorausgesetzt, dass wir die Anlagen des Hundes systematisch und konsequent fördern und ihn an bestimmte Verhaltensweisen gewöhnen. Der Erfolg dieses Trainings ist dabei wiederum von einigen Punkten abhängig:

1. Der Hund sollte zunächst lernen, im Umgang mit fremden Menschen grundsätzlich *sicher* zu reagieren. Diese Sicherheit gegenüber Fremdpersonen erreichen wir am besten durch einen regelmäßigen Aufenthalt unter fremden Menschen.
2. Den Hund sollten wir an bestimmte Verhaltensweisen gewöhnen, indem wir ihn z. B. wie den Sport- und Schutzhund aufbauen. Erst wenn er die Schutzhundprüfung Stufe I oder die Internationale Prüfung Klasse 1 erfolgreich absolviert hat, sollten wir ihn auf sein Aufgabengebiet umarbeiten.
3. Der Hund sollte schon von Anfang an lernen, sein aggressives Kampfverhalten *ausschließlich* auf den Menschen zu richten und es nicht an einem angebotenen Ersatzobjekt wie Stock, Sack usw. abzureagieren. Dabei sollten wir das Misstrauen und die Wachsamkeit gegenüber fremden Personen fördern.
4. Den Hund sollten wir dazu abrichten, dass er Fremdpersonen in gewöhnlicher Kleidung, die innerhalb seines Heimbezirks seine Drohgebärden missachten, bei Überschreitung einer gewissen kritischen Distanz *generell* anzugreifen hat.
5. Der Hund sollte auch unter Ablenkung und starker Belastung zuverlässig seine Pflicht erfüllen. Dies bedingt, dass wir ihn *systematisch* an alle möglichen Störreize gewöhnen.

Zusammengefasst können wir feststellen: Bei der Auswahl eines wehrhaften Wächters ist es in erster Linie wichtig, wie der Hund gegenüber Fremdpersonen reagiert, die seine kritische Distanz unterschreiten und ihn physisch und psychisch belasten. Zeigt er mehr Meideverhalten als Wehrverhalten, d. h., würde er lieber zurückgehen als kämpfen, dann ist er für die Aufgabe eines wehrhaften Wächters nur bedingt geeignet.

In der Praxis wird der Schutzhund von Natur aus kaum einem der drei Wachhundtypen voll entsprechen. Dies ist auch nicht wichtig. Entscheidend für seine Einstufung sind die Wesensmerkmale eines Typs, die ein Schutzhund überwiegend besitzt. Die Grundzüge dieser Wesenseigenschaften sind vom Welpenalter an immer deutlicher zu erkennen und durch spezielle Tests nachzuweisen. Erwerben wir nun ein Tier eines bestimmten Hundetyps in der Hoffnung, dass sich die ererbten Anlagen ohne unser Zutun im Laufe der Zeit wunschgemäß entfalten, dann unterliegen wir einem großen Irrtum. Denn bei jedem Schutzhund – und dies gilt auch für den ausgesprochenen Wachhund – müssen wir die erwünschten Anlagen zielgerichtet fördern und ausbauen. Mit anderen Worten: Kein Wachhundtyp wird die für seinen Aufgabenbereich zutreffenden Test erfolgreich bestehen, wenn er nicht systematisch für diese Aufgabe geschult wurde.

Die Vorbereitungszeit selbst kann manchmal bis zum 3. Lebensjahr des Hundes dauern, weil viele Triebanlagen, wie etwa der Wehrtrieb und der Schutztrieb, erst sehr spät voll ausreifen. Aus diesem Grund sollten wir die in den vorliegenden Abschnitten beschriebenen Erprobungen erst mit Hunden durchführen, die das 2. Lebensjahr vollendet haben. Die Zeit davor sollten wir nutzen und den Schutzhund von Anfang an konsequent auf seine künftige Aufgabe als Wachhund vorbereiten. Dabei brauchen wir im Wesentlichen nur diejenigen Fähigkeiten intensiv zu schulen, die für sein jeweiliges Aufgabengebiet primär erforderlich sind: das Wachverhalten beim alarmierenden Wächter, das Wach- und Drohverhalten beim drohenden Wächter und das Wach-, Droh- und Wehrverhalten beim wehrhaften Wächter.

Der Aufbau des drohenden Wächters und besonders die Ausbildung des wehrhaften Wächters gelingen uns dann am besten, wenn wir einen entsprechend veranlagten Welpen besitzen. Denn jetzt können wir eine wichtige Regel der Rudeltierwelt nutzen. Diese besagt, dass in der Rudeltierwelt *nicht* der Erhalt des Individuums zählt, sondern *nur* die Artwelt. Deshalb muss sich in der Rudeltierwelt notfalls das einzelne Tier für das Rudel opfern. Und diese Forderung lehren die Althunde im Hunderudel *unmissverständlich* den Jungen. Daraus folgt:

Da die Menschen im Mensch-Hund-Rudel die Althunde für den Welpen und Junghund repräsentieren, können auch wir diese Regel dem Jungtier lehren. Jedoch erfolgt hierbei die Belehrung in zwei Stufen:

1. Förderung der „Opferbereitschaft" in *beiden* Wachhundtypen durch gezielte Stärkung der Standhaftigkeit und Einschränkung der Fluchtbereitschaft.
2. Gewöhnung des wehrhaften Wächters an die Abwehr von physischen und psychischen Belastungen durch Fremdpersonen.

Dieses Training kann nach dem Buch „Der echte, führige Schutzhund" durchgeführt werden.

V. Der Familienhund

Ein in unserem Zeitalter ebenfalls sehr weit verbreiteter Hundetyp ist der Familienhund, der ständig in der Wohngemeinschaft seines Herrn lebt. Seine Aufgabe besteht vorwiegend darin, unter den heutigen Wohn- und Lebensbedingungen ein angenehmer Lebensgefährte zu sein, der

- ohne Schwierigkeiten überallhin mitgenommen werden kann.
- sich Kindern und fremden Menschen gegenüber friedlich und sicher verhält.
- durch äußere Reizeinwirkungen nicht vorschnell unruhig, nervös, laut oder aggressiv wird.

Dieses unerwünschte Verhalten setzt jedoch voraus, dass der Schutzhund sehr viele positive Wesenseigenschaften geerbt hat. Vor allem sollte er wesenssicher sein, eine hohe Reizschwelle und eine allgemein freundlich-friedfertige Grundstimmung besitzen.
Er sollte sich auszeichnen durch:

- Unerschrockenheit
- Furchtlosigkeit
- Schussfestigkeit
- eine gewisse Härte
- gute Führigkeit
- durch eine enge Bindung an seinen Herrn

Ein gewisses Maß an Spieltrieb, Wachtrieb, etwas Misstrauen, Beutetrieb und Bringtrieb kann in manchen Situationen von Vorteil sein.

Unnötig und unerwünscht sind dagegen:

- Wesensschwächen
- Schussempfindlichkeit
- niedrige Reizschwelle
- Ängstlichkeit
- Scheuheit
- eine gute Assoziations- und Kombinationsbegabung
- Ausdauer
- Kampftrieb
- Schutztrieb
- Schärfe
- ein ausgeprägtes Misstrauen
- Spürtrieb
- Stöbertrieb
- Jagdtrieb

Um später keine unangenehmen Überraschungen zu erleben, sollten wir bei der Auswahl des Hundes, sei es ein Welpe, ein Junghund oder ein erwachsener Hund, wirklich darauf achten, dass er möglichst *viele* der vorgenannten positiven Wesensanlagen besitzt. Besonders der Bewegungs- und Betätigungstrieb sollte nicht ausgeprägt entwickelt sein, weil dieser sich beim Wohnungshund nachteilig auswirken kann. Denn lauffreudige Hunde werden im Haus oft unerträglich, wenn sie sich nicht genug bewegen können.

Haben wir uns nach sorgfältiger Prüfung für einen Schutzhund entschieden, dürfen wir seine Fähigkeiten aber nicht verkümmern lassen oder in die falsche Richtung lenken. Denn dies nützt weder ihm noch uns etwas. Das bedeutet: Wir sollten die Anlagen des Familienhundes *zielgerichtet* fördern und formen, den Hund also ebenso erziehen wie alle anderen Hundetypen auch. Tun wir das nicht, so besteht die Gefahr, dass sich der Hund verschiedene Laster und Untugenden aneignet, die ihn für die Aufgabe eines Familienhundes ungeeignet werden lassen. Der Hund kann sogar zu einer großen Belastung für den Besitzer werden. Denn eines sollte auch der Besitzer eines Familienhundes unbedingt wissen und beachten:

Jeder Hund ist von Natur aus ein Lernwesen mit *ausgeprägtem* Lernvermögen. Diese Eigenschaft ist beim Hund *immer* wirksam, unabhängig davon, ob das Ergebnis für uns später von Nutzen oder von Schaden ist. Der Hund lernt *ständig* etwas, ob mit oder ohne unsere Hilfe. Deshalb trifft allein uns die Schuld, wenn der Hund eines Tages Verhaltensweisen zeigt, die mit unseren Vorstellungen und mit unserer Umwelt nicht übereinstimmen. Da er selbst von sich aus *nicht* entscheiden kann, was richtig und was falsch ist, sollten wir den Hund das richtige Verhalten lehren. Der wahre Erfolg wird sich aber nur dann einstellen, wenn die Belehrung ebenfalls nach tierpsychologischen Gesichtspunkten innerhalb eines Ausbildungsrahmens erfolgt.

Das Ziel unserer Erziehungsarbeit sollte die Begleithundprüfung (BH) sein, die wir bei jedem anerkannten Schutzhundverein absolvieren können.

Außerdem wird durch die Disziplinierung des Hundes die natürliche Rangordnung zwischen Mensch und Hund hergestellt. Dies ist gerade beim ständigen Zusammenleben mit dem Hund sehr wichtig. Denn erfährt der Hund nicht frühzeitig, wer der Herr im Haus ist und wer in der Rangordnung über ihm steht, dann kann dies ebenfalls zu Problemen in der Wohngemeinschaft führen. *Der Hund gehört in der Rangfolge an die unterste Stelle*, d. h., er sollte sich stets allen Personen in der Familie unterordnen, auch den Kindern. Dieses Ziel zu erreichen ist manchmal nicht ganz einfach, besonders bei geltungssüchtigen Tieren. Deshalb sollten wir vorwiegend ein Tier als Familienhund auswählen, dessen Geltungtrieb sozusagen unterentwickelt ist. Also einen gutmütigen, nervenfesten, ruhigen, anhänglichen, leichtführigen und *unterordnungsbereiten* Schutzhund.

Dabei sind die Wesensstärke des Schutzhundes, die „seelische Verbundenheit" und das „gegenseitige Vertrauen" im Mensch-Hund-Rudel besonders dort wichtig, wo das Familienglück durch Kinder vervollkommnet werden soll. Denn der menschliche Nachwuchs sollte niemals die Vernachlässigung oder den Ausschluss des Schutzhundes aus dem bisherigen Familienverband bewirken. Im Gegenteil, der Schutzhund sollte *voll* in die Betreuung des neuen Erdenbürgers mit einbezogen werden.

Diese Beteiligung gelingt am besten, wenn die Mutter wie folgt handelt: Dem Schutzhund wird sofort nach Rückkehr der Mutter aus der Entbindungsstation das Kind liebevoll vorgestellt und ihm wort- und gefühlsmäßig seine künftige Aufgabe erklärt. Dabei sollte dem Schutzhund als Nasentier unbedingt die Gelegenheit gegeben werden, das Baby eingehend zu beschnüffeln. Die anschließende Reaktion des Schutzhundes gibt dann Aufschluss über die künftigen Maßnahmen.

So kann der Schutzhund z. B. das Kleinkind

- nur beriechen und sich dann wieder abwenden. Hier sollte unbedingt die Ursache geklärt werden, z. B. übertriebene Angst der Eltern, Fehlprägung des Hundes usw. und entsprechende Vorkehrungen getroffen werden. Denn sonst könnten Probleme entstehen.
- kurz ablecken und sich dann wieder abwenden. Hier akzeptiert der Schutzhund in der Regel den Säugling, verhält sich ihm gegenüber aber zurückhaltend.
- intensiv ablecken und sich freuen. Hier ist alles klar. Der Schutzhund wird sich mit dem Nachwuchs gut verstehen, vorausgesetzt, die Eltern reagieren auf die Umgangsart des Schutzhundes mit dem Kleinkind nicht überspannt. Denn die Angst der Eltern oder das Misstrauen gegenüber dem Schutzund ist der stärkste seelische Störfaktor in der Kind-Hund-Beziehung.

VI. Der Begleithund

Der Begleithund ist dem Familienhund sehr ähnlich, zum Teil sogar mit ihm identisch. Seine Aufgabe besteht vorwiegend darin, seinen Herrn als angenehmer und folgsamer Gefährte auf seinen Aus- und Spaziergängen zu begleiten. Dieser Hundetyp sollte ebenfalls ohne Schwierigkeiten überallhin mitgenommen werden können und sich gegenüber fremden Menschen und im Verkehr friedlich und sicher verhalten.

Die wichtigsten positiven Wesenseigenschaften des Begleithundes sind:

- Wesenssicherheit
- Schussfestigkeit
- hohe Reizschwelle
- Unerschrockenheit
- Furchtlosigkeit
- eine gewisse Härte
- enge Bindung an seinen Herrn
- gute Führigkeit
- Beutetrieb
- Bringtrieb
- Spürtrieb

Auch sollte er eine allgemein friedlich-friedfertige Grundstimmung besitzen.

In manchen Situationen kann ein gewisses Maß an Spieltrieb, Schutztrieb und Wachtrieb erwünscht sein.

Unnötig und unerwünscht sind jedoch:

- Wesensmängel
- Schussempfindlichkeit
- niedrige Reizschwelle
- Ängstlichkeit
- Scheuheit
- eine gute Assoziations- und Kombinationsbegabung
- Ausdauer
- Kampftrieb
- Schärfe
- ausgeprägtes Misstrauen
- Stöbertrieb
- Jagdtrieb

Abb. 3 und 4 zeigen einen drei Jahre alten Schutzhund, der nach Ankunft des neuen Erdenbürgers diesen sofort „in seine Obhut" nahm und entsprechend betreute.

Abb. 5 zeigt denselben Schutzhund im Alter von sieben Jahren mit den zwei Kindern der Familie. Dabei ist der ältere Sohn jener, den der Schutzhund analog den Abb. 3 bis 4 sofort „in seine Obhut" nahm, während er den jüngeren von Anfang an „nur akzeptierte". Daraus folgte z. B., dass das ältere Kind sich gegenüber dem Schutzhund mehr erlauben konnte als sein jüngerer Bruder.

Abb. 4

Abb. 5

Da der Begleithund im Wesentlichen die Funktion eines treuen Begleiters erfüllt, ist bei ihm, mehr noch als beim Familienhund, die Begleithundprüfung (BH) erforderlich. Hat er diese Prüfung bestanden, kann der Begleithund darüber hinaus noch die Fährtenhundprüfung (FH) absolvieren (siehe „Der leistungsstarke Fährtenhund"). Dies hat den Vorteil, dass der Hundeführer seinen Begleithund sowohl für sportliche als auch für praktische Zwecke verwenden kann. Damit hat der Begleithund für den Hundeführer einen höheren Nutzeffekt als der reine Familienhund.

Das problemlose Zusammenleben mit dem Familienhund und dem Begleithund basiert in erster Linie auf drei wichtigen Eigenschaften (s. Abb. 3–5)

- der Wesenssicherheit des Schutzhundes
- dem art- und wesensgerechten Umgang mit dem Schutzhund
- den positiven Gefühlsschwingungen zwischen Mensch und Schutzhund, vor allem kein Familienhund.

VII. Der Fährtenhund

Im Gegensatz zu den anderen Schutzhundtypen im privaten Bereich stellt der gute Fährtenhund eine gewisse Rarität dar. Dieser Zustand ist eigentlich unlogisch, weil die Nasenarbeit ein Gebiet ist, auf dem fast jeder Hund zu einem individuellen „Spezialisten" ausgebildet werden kann, vorausgesetzt, er besitzt keine gravierenden Wesensmängel.

Durch seinen ausgeprägten Geruchssinn, der ihm praktisch sein Überleben garantiert, ist der Hund für dieses Aufgabengebiet von Natur aus geradezu prädestiniert. Wir brauchen lediglich nichts anderes zu tun, als diese „Spezialität" des Hundes von Anfang an in die von uns gewünschten Bahnen zu lenken.

Der Grund, weshalb diese Nasenveranlagung im privaten Bereich so wenig gefördert wird, liegt wohl weniger im Mangel an Zeit oder an geeignetem Übungsgelände, sondern vielmehr an unserer Einstellung gegenüber dieser Eigenschaft des Schutzhundes. Denn wir legen bei allen Schutzhunden einen viel zu großen Wert auf die Schutzdienstleistungen. Diese einseitige Orientierung hat zur Folge, dass wir zwar die Unterordnungsleistungen noch einigermaßen intensiv schulen, weil sie auch für die Schutzdienstleistungen erforderlich sind, die natürliche Eigenschaft des Hundes, den Geruchssinn, beim Aufbau aber meist völlig vernachlässigen.

Unterziehen wir jedoch diese eingleisige Denkweise einer genauen Analyse, dann zeigen uns schon vier einfache Tatsachen, dass sie unsinnig ist:

1. Nur wenige Hunde eignen sich wirklich zum echten Schutzhund, weil bei jedem Hund die Eigenschaftskonstellationen andersartig gelagert sind.
2. Durch mittelmäßige Schutzdienstleistungen werden viele Hunde, die für die Spürarbeit ausgeprägte Wesenseigenschaften besitzen, von ihren Besitzern ungerechterweise als „minderwertig" abgetan oder gar abgeschoben.
3. Der Schutzdienst ist nicht der einzige Weg, der zu sportlichen und praktischen Erfolgen führt. Die Spürarbeit hat einen ebenso sportlichen wie praktischen Wert.
4. Der Spürtrieb ist, im Gegensatz zum Schutztrieb, eine Veranlagung, die alle Hunde von Natur aus schon als Welpen voll entwickelt besitzen und die von uns bereits sehr früh genutzt werden kann.

Um jedoch einen Schutzhund zu einem guten Fährtenhund aufzubauen, ist es notwendig, dass wir die wesentlichen Voraussetzungen für diese spezielle Tätigkeit kennen.

Die Aufgabe des Fährtenhundes besteht vorwiegend darin, eine Menschenfährte sicher auszuarbeiten und alle Gegenstände, die der Fährtenleger „verloren" hat, überzeugend zu verweisen oder aufzunehmen. Der Hund sollte diese Arbeit während des ganzen Jahres, möglichst bei jedem Wetter, zu jeder Tageszeit, in jedem Gelände und auf jeder Bodenart zuverlässig ausführen.

Neben dem ausgeprägten Spürtrieb sollte sich der Fährtenhund auszeichnen durch:

- Wesenssicherheit
- Schussfestigkeit
- eine hohe bis mittlere Reizschwelle
- Unerschrockenheit
- Furchtlosigkeit
- eine gewisse Härte
- Ausdauer
- gute Assoziations- und Kombinationsbegabung
- eine enge Bindung an seinen Herrn
- gute Führigkeit

In einigen Situationen kann ein gewisser Grad an Kampftrieb, Wachtrieb, Beutetrieb und Bringtrieb von Nutzen sein.
Unnötig und unerwünscht dagegen sind:

- Wesensschwäche
- Schussempfindlichkeit
- niedrige bis niedrigste Reizschwelle
- Ängstlichkeit
- Scheuheit
- Weichheit
- Schutztrieb
- Schärfe
- Misstrauen
- Stöbertrieb
- Jagdtrieb

Beim Aufbau eines Fährtenhundes sollten wir die Fährtenarbeit noch umfassender und intensiver betreiben als bei der Vorbereitung auf die drei Schutzhundprüfungen. Denn das anzustrebende Ziel ist nicht der fährtenfeste Hund, sondern der fährtensichere oder sogar der fährtenreine Schutzhund, ein Schutzhund also, der sicher auf der Fährte verharrt und jede andere Verleitungsfährte einwandfrei ablehnt.

Der Ausgangspunkt für den Erfolg dieses Spezialtrainings ist in erster Linie ein langfristig angelegter, detaillierter „Dressurplan", der

- alle Punkte der theoretischen und praktischen Fährtenarbeit berücksichtigt.
- auf der tierpsychologisch richtigen Aufbaumethode basiert.
- individuell auf den Hund abgestimmt ist.
- vom Hundeführer nur in Ausnahmefällen verlassen werden sollte.

Vor allem sollten wir beim Aufbau des fährtensicheren oder fährtenreinen Hundes an folgende Punkte denken:

1. Ruhe und Besinnlichkeit bei Führer und Hund sind die Voraussetzungen einer jeden vernünftigen und erfolgreichen Fährtenarbeit. Deshalb gehören diese beiden Eigenschaften einfach zur Grunderziehung für jede Fährtenhundarbeit. Hier gilt: Je temperamentvoller ein Schutzhund ist, desto mehr müssen wir ihn und uns zur Ruhe zwingen bzw. Hund und Führer sich zu beherrschen lernen.

2. Ruhe und Besinnlichkeit sollte der Schutzhund schon so früh wie möglich lernen. Denn wie sich Hund und Führer bei den Übungen benehmen, so verhalten sie sich meist später auch im „Ernstfall". Zum Beispiel können wir dieses innerliche „Sammeln" des Hundes dadurch herbeiführen, dass wir ihn 5 oder 10 Minuten vor Fährtenbeginn kompromisslos ablegen.

3. Bei jeder überdurchschnittlichen Fährtenarbeit kommt es besonders auf das gegenseitige Verstehen, das Sich-Kennen und Sich-Vertrauen an. Eine solche harmonische Zusammenarbeit entsteht vor allem dann, wenn wir den Hund schon als Welpen anschaffen und ihn von Anfang an tierpsychologisch richtig aufbauen.

4. Der Aufbau des Hundes sollte stufenförmig erfolgen, indem wir zum Beispiel mit einer einfachen Fleischschleppe beim Welpen beginnen und über die schwierigere Tupfschleppe und reine Führerfährte beim Junghund bis hin zur Fremdfährte mit Verleitungsfährte beim erwachsenen Hund enden. Dabei gehen wir erst dann zur nächsthöheren Ausbildungsstufe über, wenn der Hund die einfachere vollkommen beherrscht.

5. Beim Legen der Fährte gelten allgemein folgende Regeln:
   a) *Gelände- und Wartezeit:* ständig wechseln.
   b) *Fährtenverlauf:* stets skizzieren; exakt nach Merkpunkten im Gelände; Fährtenende im günstigen Gelände.
   c) *Abgang:* gut vertreten und markieren; mit Nacken- oder Seitenwind; nicht zu nahe an einem Weg.
   d) *Schenkel:* nicht zu kurz; stets verschieden lang; normal geschritten.
   e) *Winkel:* geometrisch klar; abwechselnd nach rechts und links; nicht auf oder zu nahe an einer Geländekante.
   f) *Gegenstände:* gut verwittert; in Größe und Farbe unauffällig; verschiedene Arten; genau auf der Spur; nicht vergraben; von den Winkeln und Veränderungen der Bodenstruktur mindestens 15–20 Meter entfernt.

6. Während der Aufbauarbeit darf der Hund nur durch Fährtenwitterung finden und niemals durch Körperwitterung. Anderenfalls zeigt der Hund später immer ein gewisses Stöberverhalten, so dass er zum Beispiel beim Fährten öfter die Nase hoch nimmt, um im Wind zu wittern, oder er versucht, mit Hilfe von Augen oder Ohren zu finden.

7. Grundsätzlich sollten wir den Hund nicht öfter als zweimal auf demselben Fährtengelände suchen lassen, weil er sonst die Fährtenwitterung nicht nur mit der Nase ausarbeitet, sondern auch mit seinem Gedächtnis.

8. Beim Aufbau des Hundes und beim regulären Training sollte jede Fährte für den Hund ein Erfolgserlebnis sein, sonst verursacht sie Unsicherheit. Dies setzt voraus, dass wir eine klare Spur legen und den Fährtenverlag, die Lage der Winkel und Gegenstände sowie die durch die vorherrschenden Witterungsverhältnisse entstehenden bodennahen Luftströmungen genau kennen. Nur dann können wir den Hund erfolgreich führen und korrigieren. Hierbei gilt: Eigenspur geht vor Fremdspur.

9. Hat der Schutzhund gefunden, dann sollten wir ihn stets belohnen, besonders am Ende der Fährte. Diese Belohnung erhöht ungemein die Arbeitsfreude des Hundes und festigt die Freundschaft zwischen Führer und Hund. Denken wir stets daran: Der Hund tut nichts aus Pflichtbewusstsein oder aus Liebe, sondern aus rein egoistischer Triebbefriedigung.

10. Jeder Hund zeigt schon bei der ersten Fährtenarbeit einen mehr oder weniger deutlich erkennbaren eigenen Suchstil. Diesen Arbeitsstil sollten wir uns unbedingt einprägen, weil der Hund
   • ihn sofort verliert, wenn er von der Ansatzfährte abkommt, und
   • es uns dadurch sehr leicht macht, ihn sofort zur Ordnung zu rufen bzw. auf ihn einzuwirken.

11. Die anzustrebende Fährtensicherheit und mehr noch die Fährtenreinheit ist vorwiegend eine reine Abrichtungsarbeit, die wir ohne individuellen Druck während der Fährtarbeit kaum erreichen werden. Dieser Druck sollte jedoch erst dann einsetzen, wenn der Hund absolut fährtenfest ist.

12. Da ein Allzuviel an Dressurangelegenheiten den Hund aber lustlos und müde macht, sollten wir den Fährtenhund nicht mit Fährtenarbeit „überfüttern". Darum sollten wir mäßig, aber regelmäßig üben, d. h. nicht mehr als zwei- bis dreimal in der Woche.

13. Am besten und sichersten aber erhalten wir einen erfolgreich arbeitenden Fährtenhund, wenn wir den Schutzhund nach dem im Literaturverzeichnis aufgeführten Spezialbuch „Der leistungsstarke Fährtenhund" aufbauen.

Verhält sich der Schutzhund am Ende des Aufbaues bei der Fährtenarbeit absolut sicher, d. h., besitzt er eine zuverlässige Fährtensicherheit, dann sollten wir mit ihm die Fährtenhundprüfung (FH) gemäß der Prüfungsordnung des VDH absolvieren. Voraussetzung dafür ist jedoch, dass der Hund mindestens die SchH I-Prüfung oder die BH-Prüfung erfolgreich bestanden hat.

Die wichtigste Bedingung für den Aufbau des leistungsstarken Fährtenhundes ist, mit dem Schutzhund schon im Welpenalter gezielt zu beginnen (s. Abb 6–8). Dabei sind größte Sorgfalt und absolute Konsequenz von entscheidender Bedeutung für den wahren Erfolg.

Abb. 6

Abb. 6 bis 8 zeigen einen Schutzhund, der bereits im Alter von sechs Monaten eine SchH-I-Hundeführerfährte auf einer abgemähten, von Menschen und Tieren begangenen Wiese sicher und problemlos ausarbeitet.

Abb. 7

Abb. 8

86

VIII. Der Rettungshund

Der Rettungshund für den *friedensmäßigen* Katastrophenschutz ist der Nachfolger des Rettungshundes für den zivilen Bevölkerungsschutz, der in der Bundesrepublik Deutschland zunächst vom Bundesluftschutzverband und später vom Bundesverband für den Selbstschutz (BVS) ausgebildet wurde.

Als jedoch die öffentlichen Organe in den einzelnen Bundesländern, denen der friedensmäßige Katastrophenschutz untersteht, die Ausbildung von Rettungshunden weitgehend einstellte, schlossen sich interessierte Hundeführer auch zu privaten Staffeln und Vereinen zusammen.

Zur Zeit ist das Rettungshundewesen in der Bundesrepublik Deutschland und auch teilweise im Ausland nicht einheitlich geregelt. Es gibt keine Dachorganisation, der die einzelnen Staffeln und Vereine unterstehen. Jedoch sind Ansätze zur einheitlichen Regelung vorhanden, wie sie z. B. durch die Kooperation der öffentlich-rechtlichen Organisationen angestrebt wird.

Die Arbeit mit dem Rettungshund ist eine äußerst erfolgsbezogene und verantwortungsbewusste Tätigkeit. Denn hier geht es nicht um die Erringung irgendwelcher Trophäen, sondern um die Rettung von Menschenleben.

Der friedensmäßige Katastrophenschutz ist weder ein Hobby noch ein Sport, sondern eine rein humanitäre Arbeit. Sie vermittelt dem interessierten Hundeführer zwar auch Freude und eine innere Befriedigung, stellt aber teilweise sehr hohe körperliche Anforderungen an Hundeführer und Hund.

Darüber hinaus verlangt das Rettungshundewesen, dass unter anderem

- nicht nur der Hund, sondern vor allem der Hundeführer sehr intensiv im Katastrophenschutz ausgebildet wird. Zum Beispiel muss der Rettungshundeführer Kenntnisse über lebensrettende Sofortmaßnahmen am Unfallort und in der Kartenkunde nachweisen, die Trümmeranlagen beurteilen und die Grundrisse der Trümmergebäude erforschen können, bei der Arbeit die Einwirkungen von Wind und Wetter berücksichtigen und jede Regung seines Hundes richtig deuten können.
- der Hundeführer rund um die Uhr alarmiert und mehrere Tage lang eingesetzt werden kann, ohne dass z. B. von dritter Seite Einwände erfolgen.

- ein ausreichender Versicherungsschutz besteht, weil der Hundeführer die volle Verantwortung für den Schadenstellenbereich trägt.
- der Hundeführer Mitglied einer Staffel oder eines Vereins ist, die oder der sich der Ausbildung von Rettungshunden widmen. Dadurch soll z. B. verhindert werden, dass ein Rettungshund ausgebildet wird, um den sich später niemand mehr kümmert.
- Hundeführer und Hund regelmäßig an praxisbezogenen Übungen teilnehmen und harmonisch zusammenarbeiten. Denn im Ernstfall müssen Mensch und Hund ein zuverlässiges und erfolgreiches Team bilden.

Um das von Mensch und Hund ausgehende Risiko möglichst auszuschließen, wird das Ausbildungskennzeichen „Rettungshund (RH)" mit dem dazugehörigen Ausweis nur auf Zeit und nur an das Team Mensch-Hund vergeben. Dies bedeutet z. B., dass der Hund bei Führerwechsel sofort seine Eigenschaft als Rettungshund verliert. Er erhält den „Titel" Rettungshund erst wieder zurück, wenn

- sich der neue Hundeführer freiwillig mit dem Hund einer Staffel oder einem Verein zur Verfügung stellt und
- der Hund mit dem neuen Hundeführer eine entsprechende Prüfung abgelegt hat.

A. Aufgabe und Eignung

Alle bisher beschriebenen Schutzhundtypen für den privaten Bereich werden in erster Linie dazu abgerichtet, die speziellen Bedürfnisse der einzelnen Hundeführer zu befriedigen. Beim Rettungshund für den friedensmäßigen Katastrophenschutz liegt das Ausbildungsziel in entgegengesetzter Richtung. Seine Aufgabe besteht allgemein darin, fremden Menschen zu helfen. Vor allem soll der Rettungshund Personen suchen und anzeigen, die durch Katastrophenfälle im Trümmergelände verschüttet sind oder aus einem unübersichtlichen Gelände nicht mehr nach Hause finden.

Diese sehr schwierige, anspruchsvolle und hilfreiche Tätigkeit für einen Schutzhund setzt jedoch ein Höchstmaß an ganz bestimmten positiven physischen und psychischen Eigenschaften voraus.

Neben einem gesunden und leistungsfähigen Körperbau sollte der Hund folgende Anlagen besitzen:

- absolute Wesenssicherheit in friedlichen Situationen
- Schussfestigkeit
- eine hohe bis mittlere Reizschwelle
- völlige Unerschrockenheit und Furchtlosigkeit gegenüber jeder Art von lästigen Geräuschen wie Explosionsknall, Feuer, Rauch usw.
- eine gewisse Härte
- Ausdauer
- eine gute Assoziations- und Kombinationsbegabung
- eine enge Bindung an seinen Herrn
- gute Führigkeit
- einen ausgeprägten Such- und Stöbertrieb

Ein gewisser Grad an Kampftrieb und Beutetrieb kann ebenfalls von Nutzen sein.

Unnötig und unerwünscht sind:

- jede Art von Wesensschwäche
- Empfindlichkeit gegenüber lästigen Umwelteinflüssen
- eine niedrige bis niedrigste Reizschwelle
- Ängstlichkeit
- Scheuheit
- Weichheit
- eine geringe Bindung an seinen Herrn
- Geltungstrieb
- Schutztrieb
- Schärfe
- Wachtrieb
- Misstrauen
- Bringtrieb
- Jagdtrieb

Jedoch sollte nicht nur der Hund optimale Voraussetzungen für diese sehr anspruchsvolle Tätigkeit mitbringen, sondern auch der Hundeführer. Neben einer guten Konstitution und Kondition sollte der Hundeführer ein hohes Maß an guten Charaktermerkmalen besitzen, vor allem viele positive Führeigenschaften.

B. Die Ausbildung

Bevor wir uns bei einer Rettungsstaffel oder einem Verein anmelden, sollten wir nochmals über die wichtigsten Punkte des Rettungshundewesens für den friedensmäßigen Katastrophenschutz gründlich nachdenken, damit alle illusionären Vorstellungen von dieser Arbeit beseitigt werden. Denn die Aufgabe kann nur derjenige Hundeführer optimal erfüllen, der auch wirklich von ihrer Wichtigkeit überzeugt ist, die tatsächlichen Anforderungen genau kennt und diese mit ganzem Herzen freudig erfüllt.

Die eigentliche Ausbildung des Rettungshundes erfolgt in den dafür zuständigen Staffeln und Vereinen. Jedoch sollte der zukünftige Rettungshund ebenfalls die „Grundausbildung" der Schutzdienstabrichtung erfolgreich absolvieren, weil sich ein Hund mit Ausbildungskennzeichen eher für das Aufgabengebiet eines Rettungshundes eignet und sich leichter dafür ausbilden lässt als ein untrainierter Hund.

Bei diesem Aufbau sollten wir jedoch einerseits die Freude an der Arbeit und andererseits diejenigen Eigenschaften des Schutzhundes besonders fördern, welche später die Grundlage des Rettungshundes bilden: Wesenssicherheit, Spürtrieb und Führigkeit. Außerdem sollte der Hund systematisch an schwieriges Gelände und beeindruckende Umwelterscheinungen gewöhnt werden, ohne dass er dabei schlechte Erfahrungen sammelt. Dies ist sehr wichtig, weil der Hund sich später weder durch Fortbewegungsschwierigkeiten noch durch unangenehme Umwelteinflüsse wie durchdringende Gerüche oder laute Geräusche von seiner intensiven Sucharbeit abbringen lassen darf.

Im Einzelnen wird der Rettungshund auf seine Aufgabe wie folgt vorbereitet:

1. Wesenssicherheit, Selbstständigkeit und Entdeckerfreude sollten bereits im Welpen- und Junghundalter gezielt gefördert und optimal ausgebaut werden. Dabei sollten wir den Hund niemals unter Druck setzen, indem wir ihn zum Beispiel zwingen, näher an etwas heranzugehen, vor dem er offensichtlich Angst hat. Hierbei gilt: Ruhe bewahren, Verständnis für sein ängstliches Verhalten zeigen, ohne auf ihn stimulierend einzureden, und warten, bis seine Neugier siegt und er von sich aus an die vermeintliche Gefahr herangeht.

2. Spürtrieb und Suchfreude sollten von Anfang an so gefördert und vertieft werden, dass das Suchen schon beim Junghund zur Leidenschaft wird. Dies ist besonders wichtig, weil es im Rettungswesen bis dato noch kein technisches Gerät gibt, das die Hundenase ersetzt. Dieses Ziel erreichen wir am besten durch regelmäßige, nicht allzu oft durchgeführte Nasenarbeit unterschiedlichster Art. Zum Beispiel können wir den Hund über die Führersuche zunächst „vermisste" Familienmitglieder, dann bekannte Personen und später Fremdpersonen suchen lassen. Dabei sollten wir aber immer darauf

achten, dass der Hund stets nur positive Erfahrungen insofern macht, als zum Beispiel die gefundene Person dem Hund immer anschaulich und überschwänglich Freude, Lob und Leckerbissen entgegenbringt. Denn im Hund soll sich von Anfang an die Erfahrung festsetzen, dass Suchen und Finden nur Belohnung bedeutet.

3. Sobald der Hund weiß, worauf es beim Suchen ankommt, sollte das Suchtraining in ständig wechselndem und in fortschreitend schwierigerem Gelände stattfinden. Wir sollten den Hund sozusagen geländegängig machen, damit er später nicht durch Fortbewegungsschwierigkeiten beim Suchen versagt.

4. Der Hund sollte schon so früh wie möglich an unangenehme Umwelteinflüsse wie penetrante Gerüche, Lärm, pfeifende Geräusche, verschiedene begehbare Materialien usw. gewöhnt werden. Diese Gewöhnung erreichen wir dadurch, dass wir den Hund während des Spazierganges möglichst viele menschliche Einrichtungen und Errungenschaften kennen lernen lassen, z. B. eine Baustelle, Baumaschinen, eine stark befahrene Straße, einen Bahnhof, einen Schießstand, Schachtdeckel, Roste, Glasplatten, Rauch, Desinfektionsmittel usw.

5. Die Führigkeit sollte ebenfalls von Anfang an intensiv geübt werden, weil der Rettungshund später sowohl ohne Halsband und Leine als auch auf Entfernung dem Hundeführer zuverlässig gehorchen muss. Dabei ist es in erster Linie wichtig, dass wir die Führigkeit auf das Vertrauen des Hundes zum Führer aufbauen und vertiefen und weniger durch Unterordnungsleistungen erzwingen. Andererseits braucht der Hund im Schutzdienst keine überragenden Leistungen zu vollbringen.

Zusammengefasst können wir feststellen: Das Ziel der Vorbereitungsarbeit besteht darin, einen Schutzhund zu erhalten, der selbstständig und intensiv sucht, ohne sich von irgendwelchen Umweltreizen ablenken zu lassen, der ansprechbar bleibt und sich vom Hundeführer auf jede Distanz zwanglos dirigieren lässt.

Eine andere Form, den Schutzhund für das Aufgabengebiet des Rettungshundes vorzubereiten, ist die Absolvierung der von der Arbeitsgemeinschaft für Zuchtvereine und Gebrauchshundeverbände (AZG) aufgestellten Rettungshund-Tauglichkeitsprüfung. Diese Prüfung ist jedoch *kein* Ersatz für die Rettungshundprüfung, sondern dient lediglich als Nachweis, ob ein Hund sich zur Ausbildung als Rettungshund eignet oder nicht. Ein Schutzhund mit bestandener Rettungshund-Tauglichkeitsprüfung ist *noch lange kein* Rettungshund und darf *nicht* eingesetzt werden.

Der Rettungshund ist gewissermaßen eine Mischung aus Familienhund, Begleithund und Fährtenhund. Deshalb sollte der Aufbau des Rettungshundes ebenfalls schon im Welpenalter beginnen und in erster Linie die gezielte Förderung der Führigkeit der Geschicklichkeit und der Suchfreude umfassen (s. Abb. 9–11).

Abb. 9

Abb. 9 bis 11 zeigen einen Schutzhund, der am Anzeigeversteck die Fundstelle durch Bellen und Scharren bekundet und im Übungs-Trümmerfeld seine Führigkeit und Geschicklichkeit unter Beweis stellt.

Abb. 10

Abb. 11

93

Lfd. Nr.	Eigenschaften des Schutzhundes für den privaten Bereich	Sporthund		Schutzhund		Wehrhafter Wächter	
		erwünscht	möglich	erwünscht	möglich	erwünscht	möglich
1.	Wesenssicherheit	×		×		×	
2.	gewisse Wesenssicherheit						
3.	Schussfestigkeit	×		×		×	
4.	gewisse Schussfestigkeit						
5.	hohe bis mittlere Reizschwelle	×		×		×	
6.	niedrige bis niedrigste Reizschwelle						
7.	Unerschrockenheit	×		×		×	
8.	Furchtlosigkeit	×		×		×	
9.	Härte	×		×			
10.	gewisse Härte					×	
11.	Ausdauer	×		×			
12.	gute Assoziations- u. Kombinationsbegabung	×		×			
13.	enge Bindung an seinen Herrn	×		×			
14.	enge Bindung an Herrn und Heimbezirk					×	
15.	gute Führigkeit	×		×			○
16.	Kampftrieb					×	
17.	ausgeprägter Kampftrieb	×		×			
18.	Schutztrieb		○			×	
19.	ausgeprägter Schutztrieb			×			
20.	erwünschte Schärfe		○	×		×	
21.	Wachtrieb				○	×	
22.	ausgeprägter Wachtrieb						
23.	Misstrauen					×	
24.	ausgeprägtes Misstrauen						
25.	Beutetrieb	×		×			
26.	Bringtrieb	×		×			
27.	Spürtrieb	×		×			○
28.	Stöbertrieb		○	×		×	
	Summe	14	3	17	1	13	
	Gesamtsumme	17		18		15	

ohend. Wächter		Alarmier. Wächter		Familien-hund		Begleit-hund		Fährten-hund		Rettungs-hund		Summe	
er-wünscht	mög-lich	er-wünscht	mög-lich	er-wünscht	mög-lich	er-wünscht	mög-lich	er-wünscht	mög-lich	er-wünscht	mög-lich	er-wünscht	mög-lich
				×		×		×		×		7	
			○									1	1
				×		×		×		×		7	
			○									1	1
				×		×		×		×		7	
		×										2	
				×		×		×		×		8	
				×		×		×		×		8	
												2	
		×		×		×		×		×		7	
								×		×		4	
								×		×		4	
				×		×		×		×		6	
		×										3	
				×		×		×		×		6	1
									○		○	1	2
												2	
					○							2	2
												1	
	○											2	2
					○		○		○			1	4
		×										2	
					○							2	1
		×										1	
					○	×			○		○	3	3
					○	×			○			3	2
						×		×		×		5	1
	○									×		3	2
	2	5	2	8	4	11	2	11	4	12	2	101	22
12		7		12		13		15		14		123	

Teil III

Prüfungen
für die Spezialausbildung

Wie bereits ausgeführt, sollten die Schutzhunde für die Spezialausbildung gezielt vorbereitet werden. Denn ohne eine sinnvolle Grundlagenarbeit ist *jede* Spezialisierung ein Vabanquespiel. Dabei sollte der vorbereitende Aufbau möglichst mit der Absolvierung einer oder mehrerer Prüfungen nach den Richtlinien des Verbandes für das Gebrauchshundewesen gekrönt werden. Denn diese Prüfungsnachweise zeigen unter anderem die Erfolgschancen für eine Spezialisierung von Führer und Hund.

Als Beispiel und zur besseren Orientierung werden nachfolgend einige Prüfungsanforderungen detailliert dargestellt.

I. Die Begleithundprüfung (BH)

Die erste und wichtigste Prüfung ist die Begleithundprüfung (BH). Denn diese ist teilweise die Voraussetzung für die Zulassung zu anderen Schutzhundprüfungen.

An der Prüfung können Hunde aller Rassen und Größen teilnehmen, jedoch nicht mehr als maximal 15 Tiere bei einem Termin.

Das Mindest-Zulassungsalter der Hunde beträgt zwölf Monate. Zur Prüfung sollte der Hund von seinem Eigentümer selbst oder von einer mit ihm in Gemeinschaft lebenden Person vorgeführt werden.

Die Prüfung selbst besteht aus zwei Teilen:

● **Teil I:**
Begleithundprüfung auf einem Übungsplatz oder auf einem freien Gelände

● **Teil II:**
Prüfung im Verkehr
   Die Prüfung ist bestanden, wenn

● in Teil I 70 Prozent der Gesamtpunktzahl von 60 Punkten erreicht sind = 42 Punkte und
● in Teil II die Übungen vom Richter als ausreichend erachtet werden.

Ein Ausbildungskennzeichen wird nicht vergeben, sondern lediglich ein Werturteil „Bestanden" oder „Nicht bestanden". Im Wiederholungsfalle besteht keine Fristbindung.

Teil I: Begleithundprüfung auf einem Übungsplatz oder freiem Gelände
Gesamtbewertung: 60 Punkte

Allgemeines
Jede Einzelübung beginnt und endet mit der Grundstellung. Zwischen den Übungen ist der Hund bei Fuß zu führen. Nach jeder beendeten Übung kann der Hund gelobt werden.

1. Leinenführigkeit
Bewertung: 15 Punkte, *Hörzeichen:* „Fuß"

Ausführung

a) Der Hundeführer (HF) geht mit angeleintem Hund zum Richter, nimmt Grundstellung ein und meldet: „Hundeführer Sowieso meldet sich zu den Unterordnungsleistungen." Der Hund ist links bei Fuß zu führen.

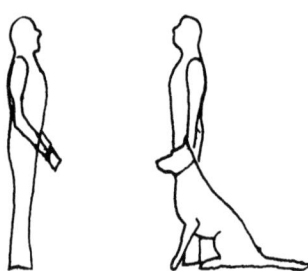

b) Auf Anweisung geht der Hundeführer mit dem am Halsband angeleinten Hund zur Übung in die Grundstellung. Nach 3 Sekunden gibt der Hundeführer das Hörzeichen „Fuß" und geht mit dem freudig und korrekt folgenden Hund geradeaus, ohne seine Gangart zu unterbrechen. Dabei hält er die Führleine lose durchhängend in der linken Hand.

Fehler:
HF hält Führleine in der rechten Hand.
Führleine hängt nicht lose durch.
HF gibt Körper- oder akustische Hilfen.
HF unterbricht seine Gangart.
Hund bleibt nicht mit dem Schulterblatt in Kniehöhe an der linken Seite des HF.
Hund folgt nicht freudig und aufmerksam oder dicht am HF.

100

c) Nach mind. 50 Schritt macht der Hundeführer eine Linkskehrt-wendung (zum Hund) und geht, ohne dabei zögernd zu verharren, sofort denselben Weg wieder zurück.

Fehler:
Zögerndes Verharren des HF bei der Kehrtwendung.
HF macht keine Linkskehrtwendung.
HF gibt Körper- oder akustische Hilfen.
Hund geht nicht schnell und nahe genug um den HF herum.

d) Nach ca. 10 Schritt gibt der Hundeführer das Hörzeichen „Fuß" und zeigt die Übung im Laufschritt.

Fehler:
Hund läuft vor, nach oder seitlich.
HF gibt Körper- oder akustische Hilfen.
HF verändert nicht deutlich die Geschwindigkeit.

e) Nach ca. 10 Schritt gibt der Hundeführer das Hörzeichen „Fuß"
und geht sofort in den langsamen Schritt über.

Fehler:
Hund läuft vor, nach oder seitlich.
HF gibt Körper- oder akustische Hilfen.
HF macht einen normalen Übergangsschritt.

f) Nach ca. 10 Schritt gibt der Hundeführer das Hörzeichen „Fuß"
und geht wieder im normalen Schritt weiter.

Fehler:
Hund läuft vor, nach oder seitlich.
HF gibt Körper- oder akustische Hilfen.

102

g) Nach ca. 20 Schritt macht der Hundeführer eine Rechts- oder Linkswendung, ohne dabei zögernd zu verharren, die er nach ca. 15 Schritt wiederholt.

Fehler:
Zögerndes Verharren des HF bei der Wendung.
HF gibt Körper- oder akustische Hilfen.
Hund bleibt nicht mit dem Schulterblatt in Kniehöhe an der linken Seite des HF.
Hund folgt nicht freudig und aufmerksam.

h) Nach ca. 15 Schritt macht der Hundeführer eine Kehrtwendung und bleibt nach einigen Schritten stehen, ohne auf den Hund einzuwirken. Der Hund hat sich schnell und korrekt neben den Hundeführer zu setzen.

Fehler:
HF gibt Körper- oder akustische Hilfen.
HF verändert seine Grundstellung, indem er z. B. an den evtl. abseits sitzenden Hund herantritt.
Hund setzt sich nicht oder nur zögernd.
Hund setzt sich nicht korrekt neben den HF.

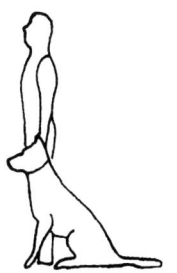

i) Nach 3 Sekunden gibt der Hundeführer das Hörzeichen „Fuß" und macht nach einigen Schritten eine zur ersten Wendung entgegengesetzte Wendung. Dies bedeutet: 1. Linkswendung – 2. Rechtswendung oder 1. Rechtswendung – 2. Linkswendung.

Fehler:
Zögerndes Verharren des HF bei der Wendung.
HF gibt Körper- oder akustische Hilfen.
HF macht zweimal dieselben Wendungen.
Hund folgt nicht freudig und aufmerksam.
Hund bleibt nicht mit dem Schulterblatt in Kniehöhe an der linken Seite des HF.

j) Auf Anweisung geht der Hundeführer mit seinem angeleinten Hund durch eine Gruppe von wenigstens vier Personen, die sich durcheinanderbewegen. In der Gruppe hat der Hundeführer einmal zu halten und einige Male links und rechts um die Personen herumzugehen (z. B. in Form einer 8).

Fehler:
Zögerndes Verharren des HF beim Gehen.
HF gibt Körper- oder akustische Hilfen.
HF geht nur in einer Richtung um die Personen herum.
HF verändert nach dem Halten seine Grundstellung.
Hund läuft vor, nach oder seitlich.
Hund belästigt eine Person.
Hund wird unsicher, nervös und unaufmerksam.
Hund setzt sich nicht oder nur zögernd.

2. Freifolge
Bewertung: 15 Punkte, *Hörzeichen:* „Fuß"

Ausführung

a) Auf Anweisung verlässt der Hundeführer mit dem angeleinten
Hund die Gruppe, nimmt Grundstellung ein, leint den Hund ab
und begibt sich mit dem frei folgenden Hund sofort wieder in die
Personengruppe. Dabei hängt der Hundeführer die Führleine um
die Schulter oder steckt sie in die Tasche.

Fehler:
Zögerndes Verharren des HF bei der Kehrtwendung.
HF leint den Hund aus der Bewegung ab.
HF gibt Körper- oder akustische Hilfen.
Hund läuft vor, nach oder seitlich.
Hund folgt nicht freudig und aufmerksam.

b) Nachdem der Hundeführer den Übungsteil analog Punkt j) der 1. Übung gezeigt hat, verlässt er auf Anweisung die Personengruppe und nimmt mit seinem unangeleinten Hund Grundstellung ein. Dann kann er den Hund kurz loben.

Fehler:
Analog wie unter Punkt j) der 1. Übung beschrieben.
HF nimmt keine Grundstellung ein.

c) Nach 3 Sekunden beginnt der Hundeführer dann die Freifolge analog den Festlegungen der Punkte b) bis i) zur Übung 1. Dabei werden bei der Ausführung dieser Übung auf Anweisung zwei Schüsse abgegeben. Der Hund hat sich schussgleichgültig zu verhalten.

Fehler:
Analog wie unter Punkt b) bis i) der 1. Übung beschrieben.
Der Hund verhält sich nicht schussgleichgültig.

d) Nach Abschluss des Übungsteiles analog Punkt i) der 1. Übung nimmt der Hundeführer wieder Grundstellung ein, lobt den Hund kurz, wartet 3 Sekunden und beginnt mit der Grundstellung für die nächste Übung.

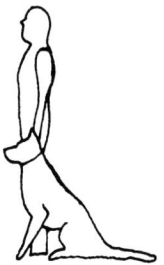

Die schematische Darstellung der Leinenführigkeit und der Freifolge ergibt folgendes Bild:

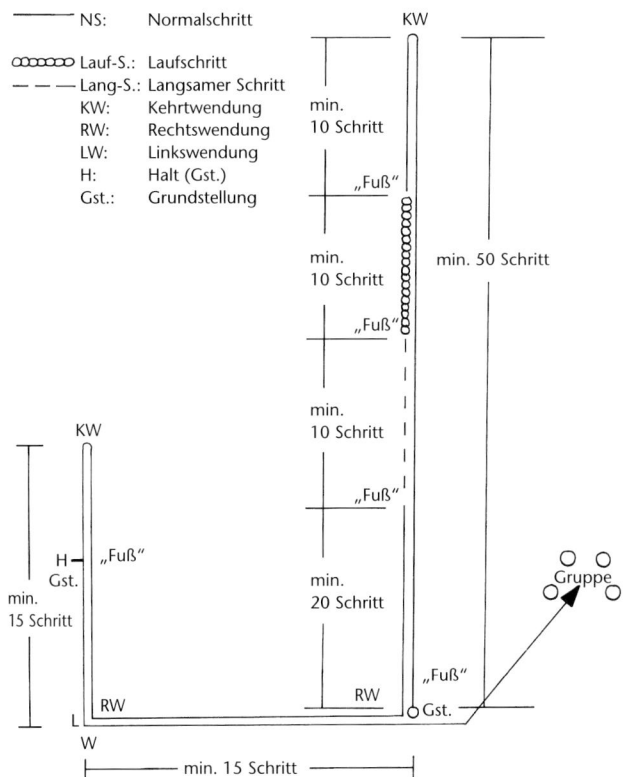

3. Sitzübung

Bewertung: 10 Punkte, *Hörzeichen:* „Fuß" – „Sitz"

Ausführung

a) Der Hundeführer nimmt mit seinem unangeleinten Hund Grundstellung ein.

b) Nach 3 Sekunden gibt der Hundeführer das Hörzeichen „Fuß" und geht mit seinem frei bei Fuß folgenden Hund geradeaus.

Fehler:
Hund läuft vor, nach oder seitlich.
HF gibt Körper- oder akustische Hilfen.
Hund folgt nicht freudig und aufmerksam.

c) Nach mindestens 10 Schritt gibt der Hundeführer das Hörzeichen „Si-i-i-tz". Der Hund hat sich schnell zu setzen.

Fehler:
Hund setzt sich zögernd, bleibt stehen oder legt sich.
HF gibt Körperhilfen oder hält die Schrittzahl nicht ein.
HF gibt akustische Hilfen oder Zusatz-Hörzeichen.

10 Schritt

d) Der Hundeführer unterbricht dabei nicht seine Gangart oder sieht sich beim Gehen um.

Fehler:
HF unterbricht seine Gangart oder sieht sich um.

e) Nach mind. 30 Schritt bleibt der Hundeführer stehen und dreht sich sofort zum Hund um.

Fehler:
HF hält die Schrittzahl nicht ein.
Hund verlässt seinen Sitzplatz.

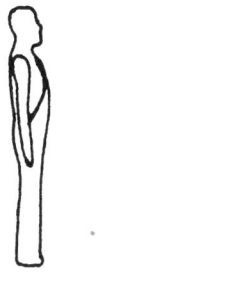 

30 Schritt

f) Auf Anweisung des Richters geht der HF zu seinem Hund zurück.

Fehler:
HF geht vorzeitig zurück.
Hund bleibt nicht sitzen oder sitz unruhig.

g) Der Hundeführer geht links oder rechts am Hund vorbei und nimmt an dessen rechter Seite Grundstellung ein. Dann kann er den Hund kurz loben.

Fehler:
Hund steht vorzeitig auf oder bleibt nicht ruhig sitzen.
HF geht nicht um den Hund herum.

h) Der Hundeführer wartet 3 Sekunden und beginnt mit der Grundstellung für die nächste Übung.

Die schematische Darstellung der Sitzübung ergibt folgendes Bild:

Gst. _ _ _ _ _ _ "Sitz" _ _ _ _ _ _ _ _ _ _ _ _ _ _ _ Halt, zurück zum Hund

―|― 10 Schritt ―|―――――― 30 Schritt ―――――|―
   normal   normal

4. Ablegen in Verbindung mit Herankommen
Bewertung: 10 Punkte, *Hörzeichen:* „Fuß" – „Platz" – „Hier" oder Name des Hundes

Ausführung

a) Der Hundeführer nimmt mit seinem unangeleinten Hund Grundstellung ein.

b) Nach 3 Sekunden gibt der Hundeführer das Hörzeichen „Fuß" und
   geht mit seinem frei bei Fuß folgenden Hund geradeaus.

Fehler:
Hund läuft vor, nach oder seitlich.
HF gibt Körper- oder akustische Hilfen.
Hund folgt nicht freudig und aufmerksam.

c) Nach mindestens 10 Schritt gibt der Hundeführer das Hörzeichen „Platz“. Der Hund hat sich schnell und gerade hinzulegen.

Fehler:
Hund legt sich zögernd, bleibt stehen oder setzt sich.
HF gibt Körperhilfen oder hält die Schrittzahl nicht ein.
HF gibt akustische Hilfen oder Zusatz-Hörzeichen.

d) Ohne andere Einwirkungen und ohne seine Gangart zu unterbrechen oder sich umzusehen, geht der HF weiter.

Fehler:
HF unterbricht seine Gangart oder sieht sich um.

e) Nach mindestens 30 Schritt hält der HF an, dreht sich sofort zum Hund um und bleibt ruhig stehen.

Fehler:
HF oder Hund verhalten sich unruhig.
Hund verlässt seinen Ablegeplatz vorzeitig.

——————————— 30 Schritt ———————————

f) Auf Anweisung des Richters ruft der HF seinen Hund mit dem Hörzeichen „Hier" oder dem Namen des Hundes zu sich heran.

Fehler:
Hund kommt ohne Abruf heran.
HF ruft vorzeitig, gibt falsches Hörzeichen oder Körperhilfen.

g) Der Hund hat sich freudig und in schneller Gangart seinem HF direkt zu nähern und sich dicht und gerade vor ihn zu setzen.

Fehler:
Hund kommt nicht oder nur langsam oder zögernd heran.
Hund wird beim Herankommen langsamer.
Hund setzt sich nicht dicht vor oder bleibt stehen.
Hund setzt sich schräg vor oder läuft am HF vorbei.

h) Auf das Hörzeichen „Fuß" hat sich der Hund schnell und dicht neben seinen HF zu setzen, indem er vorn oder hinten herumgeht. Dann kann der Hund kurz gelobt werden.

Fehler:
Hund geht nicht oder nur langsam oder zögernd bei Fuß.
Hund setzt sich nicht korrekt neben HF.
HF gibt Körperhilfen.

i) Der Hundeführer wartet 3 Sekunden und beginnt mit der Grundstellung für die nächste Übung.

Die schematische Darstellung der Platzübung ergibt folgendes Bild:

```
              „Platz"
Gst. _ _ _ _ _ ✕ _ _ _ _ _ _ _ _ _ _ _ _ _ _ Halt, Abruf des Hundes
    ┼— 10 Schritt ┼————— 30 Schritt ————— ┼
       normal              normal
```

5. Ablegen unter Ablenkung
Bewertung: 10 Punkte, *Hörzeichen:* „Platz" – „Sitz"

Ausführung

a) Auf Anweisung geht der Hundeführer mit seinem Hund zum Ablegeplatz und nimmt dort in Richtung seines Stehplatzes Grundstellung ein.

   Fehler:
   Hund sitzt nicht korrekt bei Fuß.

b) Nach 3 Sekunden gibt der Hundeführer das Hörzeichen „Platz"
   und entfernt sich vom Hund in gerader Richtung, ohne die Führleine oder sonst irgendeinen Gegenstand bei ihm zu belassen.

   Fehler:
   HF gibt Körper- oder akustische Hilfen.
   HF lässt die Führleine oder sonst irgendeinen Gegenstand beim
   Hund.
   HF sieht sich um oder unterbricht seine Gangart.

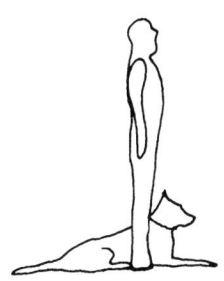

c) In Sicht des Hundes bleibend, geht der Hundeführer 30 Schritt weg und bleibt, mit dem Rücken zum Hund gewendet, ruhig stehen.

Fehler:
HF hält die Schrittzahl nicht ein.
HF dreht sich zum Hund um.
HF verhält sich am Stehplatz unruhig.
HF verlässt den Stehplatz.

d) Der Hund hat ruhig und ohne jegliche Einwirkung des Hundeführers liegen zu bleiben.

Fehler:
Hund steht auf, setzt sich hin oder verlässt den Ablegeplatz vorzeitig.
Hund liegt unruhig ab oder kommt dem Hundeführer entgegen.
HF gibt dem Hund versteckte Hilfen.

30 Schritt

e) Auf Anweisung holt der Hundeführer seinen Hund ab, indem er sich an dessen rechte Seite begibt und nach 3 Sekunden das Hörzeichen „Sitz" gibt. Dann kann der Hund gelobt werden.

Fehler:
Hund steht beim Abholen auf.
Hund steht nicht oder nur nach mehrmaligem Hörzeichen auf.
HF gibt Körper- oder akustische Hilfen.

f) Der Hundeführer wartet 3 Sekunden, begibt sich mit bei Fuß folgendem Hund zum Richter, nimmt dort Grundstellung ein und meldet: „Unterordnungsleistungen beendet!"

Die schematische Darstellung der Ablageübung ergibt folgendes Bild:

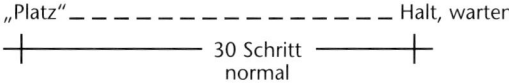

„Platz" _ _ _ _ _ _ _ _ _ _ _ _ _ Halt, warten
├───────── 30 Schritt ─────────┤
                normal

Teil II: Prüfung im Verkehr

Allgemeines

Die Übungen sollen im öffentlichen Verkehrsraum (Straßen, Wege oder Plätze) mit mäßigem Verkehr durchgeführt werden. Der öffentliche Verkehr darf nicht beeinträchtigt werden.

Punkte werden für die einzelnen Übungen des Teiles II nicht vergeben. Für das Bestehen dieser Prüfungsabteilung ist der Gesamteindruck über den sich im Verkehr bewegenden Hund maßgeblich.

Prüfungsablauf

1. Führigkeit und Verhalten im Straßenverkehr

a) Auf Anweisung des Richters begeht der HF mit seinem angeleinten Hund einen angewiesenen Straßenabschnitt auf dem Gehweg. Während dieser Übung hat der Hund dicht und korrekt an der linken Seite des HF willig zu folgen, die Führleine lose durchzuhängen, der Hund sich dem Fuß- und Fahrverkehr gegenüber gleichgültig zu verhalten.

b) Auf seinem Weg wird der HF von einer vorbeilaufenden Auftragsperson geschnitten,

von einem direkt von hinten vorbeifahrenden Radfahrer (Auftrags-person) überholt, der im Vorbeifahren ein Klingelzeichen gibt.

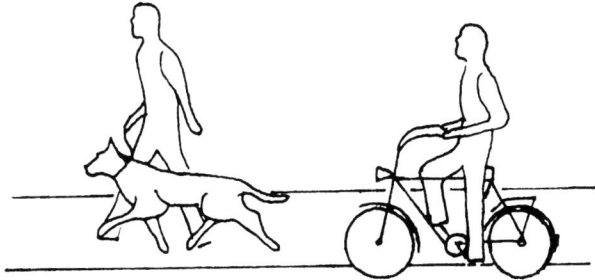

c) Danach macht der HF kehrt, geht auf den Richter zu, bleibt bei diesem stehen, begrüßt ihn mit Handschlag und unterhält sich mit ihm. Der Hund kann hierbei stehen, liegen oder sitzen, hat sich aber ruhig zu verhalten.

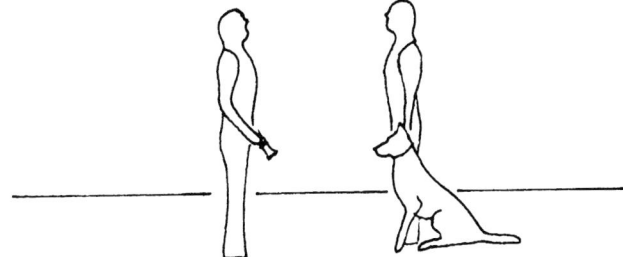

2. Verhalten des Hundes unter erschwerten Verkehrs-
verhältnissen

Auf Anweisung des Richters bewegt sich der HF mit seinem angeleinten Hund inmitten eines stärkeren Passantenverkehrs. Dabei hat
er kurz an einer Stelle mit außergewöhnlichen Geräuschen (z. B.
Bahnhofshallen) zu verweilen. Während dieser Übung hat der Hund

a) sich auf das Hörzeichen „Sitz" hinzusetzen,

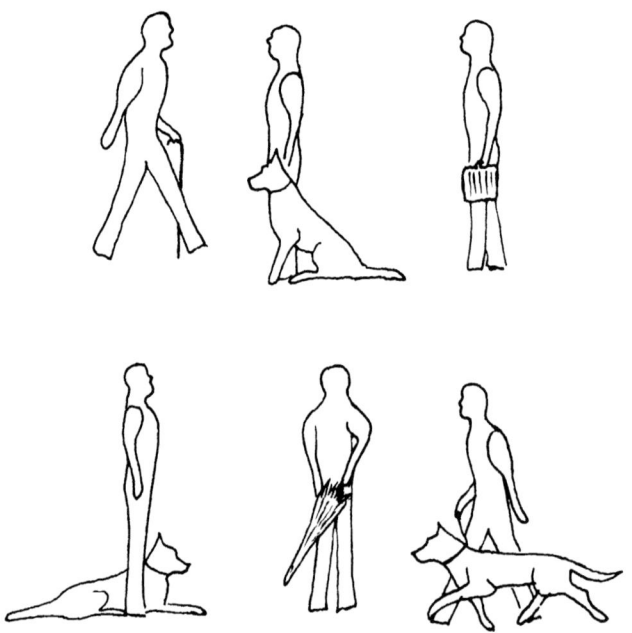

b) sich auf das Hörzeichen „Platz" schnell hinzulegen und liegen zu
   bleiben,
c) seinem HF aufmerksam, willig und unbeeindruckt zu folgen.

3. Verhalten des kurzfristig im Verkehr angeleint allein gelas-
senen Hundes, Verhalten gegenüber Tieren

a) Auf Anweisung des Richters begeht der HF mit seinem angeleinten
   Hund den Gehweg einer mäßig belegten Straße wie unter 1.

b) Auf Anweisung des Richters hält der HF und befestigt die Führleine an einem Zaun, Mauerring oder dergleichen und begibt sich für 2 Minuten außer Sicht des Hundes. Der Hund darf hierbei stehen, sitzen oder liegen.

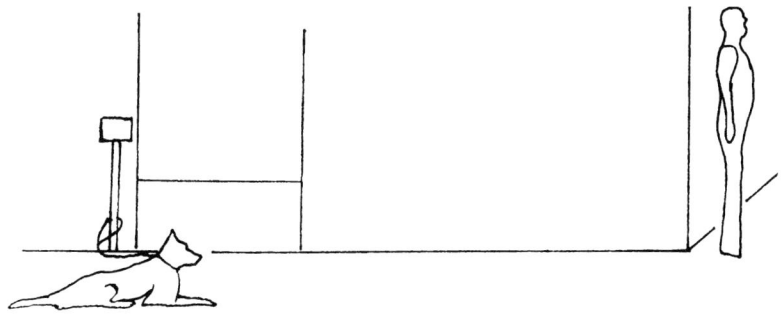

c) Auf Anweisung des Richters geht eine Auftragsperson mit einem angeleinten Hund in einer seitlichen Entfernung von etwa 5 Schritt am Prüfungshund vorbei. Der allein gelassene Hund hat sich bis zur Rückkehr des HF ruhig zu verhalten und den vorbeigeführten Hund ohne Angriffshandlungen passieren zu lassen.

II. Die Internationale Prüfung Klasse 1 (IPO 1)

Die Internationale Prüfung Klasse 1 (IPO 1) ist eine überregionale Leistungsprüfung, bestehend aus Fährtenarbeit, Unterordnungsleistungen und Schutzdienst.
Das Mindestzulassungsalter der Hunde beträgt 18 Monate.

Abteilung A: Fährtenarbeit
Höchstbewertung: 100 Punkte, *Hörzeichen:* „Such"
Fährten-Untergrund: alle natürlichen Böden.

Allgemeines
Das Hörzeichen kann in der jeweiligen Landessprache des Hundeführers gegeben werden. Die wichtigsten allgemeinen Faktoren der Fährtenarbeit sind im Vergleich zur Schutzhundprüfung Stufe 1 (SchH 1) folgende (siehe Tabelle auf Seite 123):

1. Das Legen der Fährte

a) Der Hundeführer zeigt dem Richter die Gegenstände. Dann legt er auf Anweisung eine 350 bis 400 Schritt lange Eigenfährte, die zwei rechte Winkel enthält, z. B. eine U-Fährte.

Fehler:
HF zeigt nicht die Gegenstände oder benutzt Suchpäckchen.
Gegenstände sind zu groß, zu klein bzw. zu auffällig.
Gegenstände sind aus demselben Material.

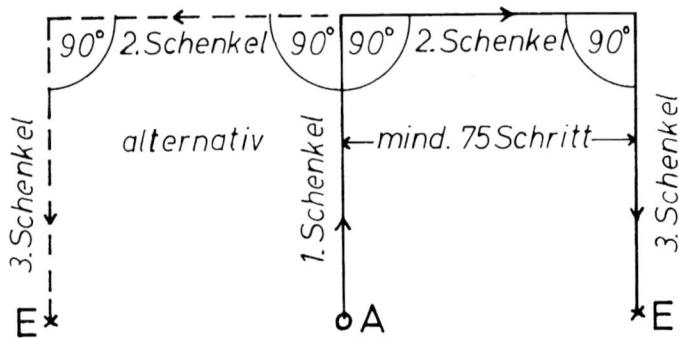

Allgemein	Internatinale Prüfung Klasse 1 (IPO 1) Stufe 1	Schutzhundprüfung (SchH 1)
Fährte	Hundeführer-Fährte	Hundeführer-Fährte
Fährtenlänge	350–400 Schritt	ca. 350–400 Schritt
Fährtenalter	20 Minuten	20 Minuten
Anzahl der Winkel	2 × 90°	2 × ca. 90°
Anzahl der Schenkel	3	3
Anzahl der Gegenstände	2 führerfremde	2 führereigene
Art der Gegenstände	Gebrauchsgegenstände Länge: 15 cm, Breite: 5–6 cm, Dicke: 2–3 cm. Farblich passend zum Fährtenuntergrund.	Leder, Kunstleder, Textilien und Holz bis zur Größe einer Brieftasche. Farblich passend zum Fährtenuntergrund.
Verwitterungszeit	Etwa 15 Minuten an schweißaktiven Körperteilen des Hundeführers.	Mindestens 30 Minuten an schweißaktiven Körperteilen des Hundeführers.
Führart	Leine an Halsband oder Suchgeschirr oder Freisuche im Abstand von etwa 10 m ohne irgendwelche Einwirkungen.	Leine an Halsband oder Suchgeschirr oder Freisuche im Abstand von mindestens 10 m ohne irgendwelche Einwirkungen.
Suchzeit	15 Minuten	entfällt

b) Der Hundeführer betritt den Abgang der Fährte und verweilt dort. Links von dieser Stelle steckt er vorher ein Nummernschild in den Boden.

Fehler:
HF kennzeichnet die Abgangsstelle der Fährte nicht oder vertritt den Abgang unvorschriftsmäßig.

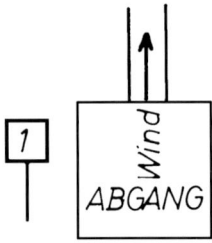

c) Dann legt der Hundeführer die vorgeschriebene Fährte in normaler Gangart mit nicht zu großen oder zu kleinen Schritten, ohne dabei zu scharren oder die Gangart zu unterbrechen.

Fehler:
HF macht zu große oder zu kleine Schritte.
HF scharrt oder unterbricht die Gangart.
HF tritt die Winkel nicht gut, nicht rechtwinkelig oder erzeugt einen Fährtenabriss.

d) Den ersten Gegenstand legt der Hundeführer etwa in der Mitte zwischen dem 1. und 2. Winkel (2. Schenkel) auf die Fährte, den zweiten Gegenstand am Ende der Fährte ab. Dabei darf er seine Gangart nicht unterbrechen.

Fehler:
HF legt die Gegenstände neben die Fährte, deckt sie zu oder legt sie nach Belieben ab.
HF verändert den Fährtengeruch beim Ablegen der Gegenstände.

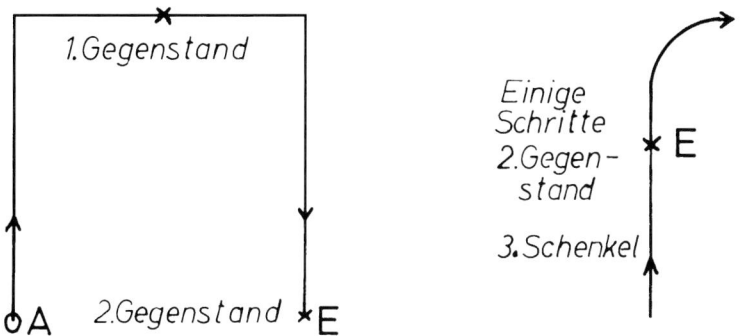

e) Nach dem letzten Gegenstand geht der Hundeführer noch einige Schritte geradeaus weiter und kommt dann abseits der Fährte zurück.

Fehler:
HF geht sofort nach Ablage des zweiten Gegenstandes von der Fährte.
HF kommt auf der Fährte zurück oder kreuzt diese.

2. Das Ausarbeiten der Fährte

f) Nach dem Legen der Fährte bereitet der HF seinen Hund zur Fährtenarbeit vor, geht nach Aufruf mit seinem Hund zum Richter, nimmt Grundstellung ein und meldet: „Hundeführer Sowieso meldet sich mit Hund Sowieso zur Fährtenarbeit. Der Hund verweist oder nimmt auf."

Fehler:
HF bereitet seinen Hund nicht zur Fährtenarbeit vor.
HF meldet sich nicht beim Richter oder vergisst Angaben.

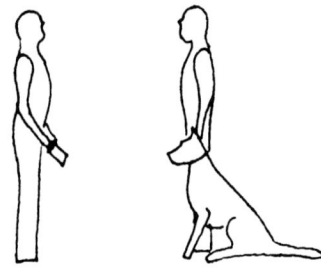

g) Auf Anweisung geht der Hundeführer mit seinem Hund langsam und ruhig zur Abgangsstelle, setzt ihn ohne Hast, Drang und Zwang an und lässt ihn ausgiebig Witterung nehmen.

Fehler:
HF setzt den Hund fehlerhaft an, indem er ihn z. B. drängt, zwingt oder Körperhilfen gibt.

h) Hat der Hund ruhig und mit tiefer Nase Witterung aufgenommen, gibt der Hundeführer das Hörzeichen „Such", bleibt stehen, sobald der Hund zu fährten beginnt, und lässt die 10 Meter lange Fährtenleine durch die Hand gleiten.

Fehler:
HF gibt das Hörzeichen zu früh oder mehrmals.
HF geht sofort oder nach unvollständigem Auslaufen der Fährtenleine hinter dem Hund her.
HF gibt Körper- oder akustische Hilfen.
Hund sucht nicht oder nur nach wiederholtem Ansetzen.
Hund interessiert sich nicht oder wenig für den Abgang.

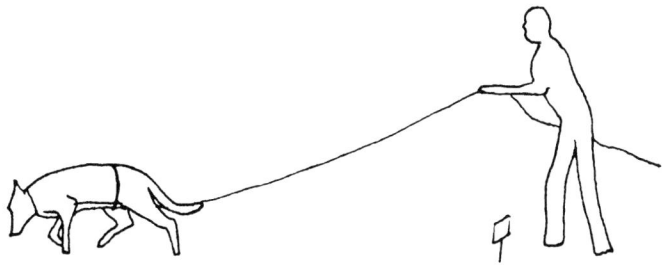

i) Der Hundeführer folgt seinem mit tiefer Nase gleichmäßig und überzeugend suchenden Hund, sobald die letzten 50 cm der Fährtenleine durch seine Hand gleiten. Den Abstand von etwa 10 Metern hat der Hundeführer während der ganzen Fährtenarbeit beizubehalten.

Fehler:
HF hält den 10-m-Abstand nicht ein.
HF muntert den Hund dauernd auf oder gibt Körperhilfen.
HF lobt den Hund am Winkel oder hindert ihn am Verlassen der Fährte.
Hund fährtet stürmisch oder vorwiegend mit hoher Nase.
Hund faselt beim Fährten, fängt Mäuse, entleert sich usw.
Hund verliert die Fährte oder muss neu angesetzt werden.
Hund arbeitet die Winkel nicht sauber aus, indem er z. B. häufig am Winkel kreist, ihn zu weit überschießt oder schneidet.

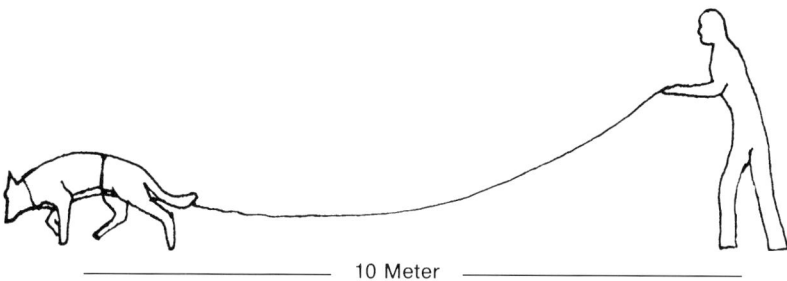

10 Meter

j) Sobald der Hund einen Gegenstand gefunden hat, muss er ihn ohne Einwirkung des Hundeführers sofort aufnehmen oder überzeugend verweisen. Beim Aufnehmen kann er stehen bleiben, sich setzen oder zum Hundeführer zurückkommen. Das Verweisen kann liegend, sitzend oder stehend geschehen, jedoch vor dem Gegenstand.

Fehler:
HF gibt Körper- oder akustische Hilfen.
Hund ist unsauber im Aufnehmen oder Verweisen, indem er z. B. den Gegenstand liegend aufnimmt, knautscht, fallen lässt usw. oder den Gegenstand nur kurz anzeigt, überläuft, dahinter verweist usw.
Hund beachtet den Gegenstand nicht.
Hund findet keinen oder verweist bzw. nimmt einen falschen Gegenstand auf.
Hund wechselt zwischen Aufnehmen und Verweisen.

k) Der Hundeführer lässt die Fährtenleine fallen, begibt sich sofort zu seinem Hund, zeigt den Gegenstand durch Hochheben dem Richter und setzt die Fährtenarbeit, wie unter Punkt h und i beschrieben, fort.

Fehler:
HF gibt Körper- oder akustische Hilfen bzw. lobt den Hund.
Hund bleibt beim Nahen des HF nicht am Gegenstand oder läuft mit dem aufgenommenen Gegenstand weiter.
Hund ist unruhig oder wird nicht aus der Aufnahme- oder Verweisposition neu angesetzt.
HF und Hund machen Fehler analog den Punkten h) und i).

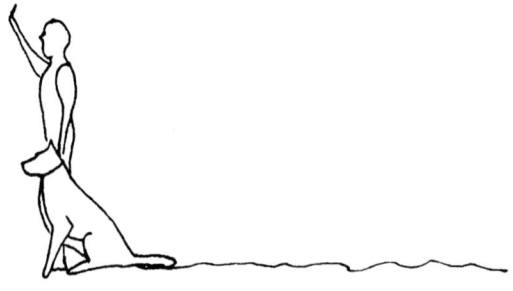

l) Nach Beendigung der Fährtenarbeit geht der Hundeführer mit seinem Hund zum Richter, nimmt Grundstellung ein, zeigt ihm die Gegenstände und meldet: „Fährtenarbeit beendet. Gegenstände gefunden oder nicht gefunden."

Fehler:
HF zeigt die Gegenstände nicht oder unterlässt die Meldung.
HF bestätigt den Hund durch Spielen, Futter usw. vor der Abmeldung.

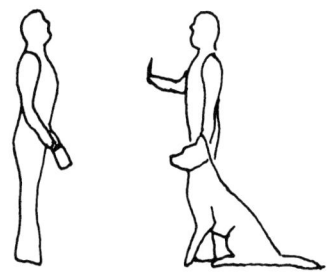

Abteilung B: Unterordnungsleistungen
Höchstbewertung: 100 Punkte

Allgemeines
Jede Einzelübung beginnt und endet mit der Grundstellung.
Die Hörzeichen können in der jeweiligen Landessprache des Hundeführers gegeben werden.
Nach jeder beendeten Übung darf der Hund gelobt werden.

1. Leinenführigkeit und Unbefangenheit
Bewertung: 15 Punkte, *Hörzeichen:* „Fuß"
und

2. Freifolge
Bewertung: 20 Punkte, *Hörzeichen:* „Fuß".
Ausführung nach dem Arbeitsschema für die Begleithundprüfung

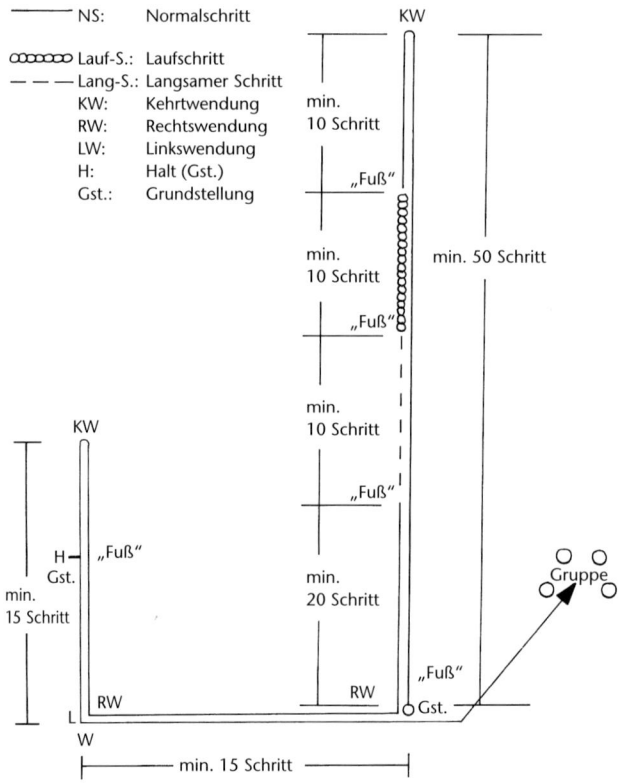

3. Sitzübung
Bewertung: 10 Punkte, *Hörzeichen:* „Fuß" – „Sitz"
Ausführung nach dem Arbeitsschema für die Begleithundprüfung

4. Ablegen in Verbindung mit Herankommen
Bewertung: 10 Punkte, *Hörzeichen:* „Fuß" – „Platz" – „Hier"
Ausführung nach dem Arbeitsschema für die Begleithundprüfung

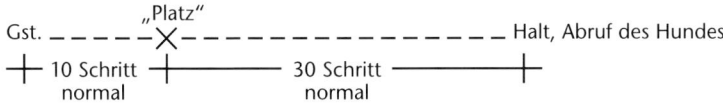

5. Bringen eines dem Hundeführer (HF) gehörenden Gegenstandes auf ebener Erde
Bewertung: 10 Punkte, *Hörzeichen:* „Bring" – „Aus" – „Fuß"

a) Der Hundeführer nimmt mit seinem unangeleinten Hund Grundstellung ein.

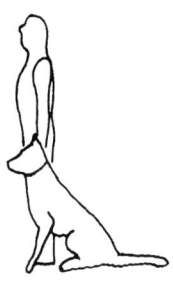

b) Nach 3 Sekunden wirft der Hundeführer einen Gegenstand oder ein 650 g schweres Bringholz mind. 10 Schritt weit fort und gibt nach weiteren 3 Sekunden das Hörzeichen „Bring", wenn das Holz ruhig liegt.

Fehler:
HF gibt beim oder sofort nach dem Werfen das Hörzeichen „Bring".
HF ändert seine Grundstellung oder gibt Körperhilfen.
HF gibt falsches oder doppeltes Hörzeichen.

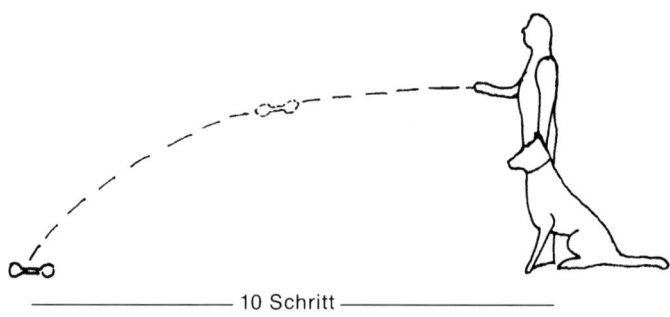

—————————————————— 10 Schritt ——————————————————

c) Der Hund hat unverzüglich und schnell auf den Gegenstand zu-zulaufen, diesen sofort aufzunehmen und seinem HF in schneller Gangart direkt zu bringen.

Fehler:
Hund läuft nicht oder nur langsam hin und zurück bzw. wird lang-samer.
Hund läuft vorzeitig und ohne Hörzeichen zum Bringsel.
Hund nimmt den Gegenstand zögernd auf, lässt ihn fallen, knautscht oder spielt mit ihm.
Hund bringt den Gegenstand nicht.
HF ändert seine Grundstellung oder gibt Körper- oder akustische Hilfen.

d) Der Hund hat sich dicht und gerade vor seinen Hundeführer zu setzen und den Gegenstand ruhig im Fang zu halten.

Fehler:
Hund setzt sich nicht dicht vor oder bleibt stehen.
Hund setzt sich schräg vor oder läuft am HF vorbei.
Hund hält Gegenstand nicht ruhig im Fang.
HF ändert seine Grundstellung oder gibt Körper- oder akustische Hilfen.

e) Nach 3 Sekunden nimmt der Hundeführer beidhändig dem Hund den Gegenstand mit dem Hörzeichen „Aus" ab und hält ihn an einer Körperseite fest.

Fehler:
Hund gibt den Gegenstand nicht oder nur schwer her.
Hund lässt den Gegenstand fallen.
HF gibt doppeltes oder falsches Hörzeichen.
HF ändert seine Grundstellung oder gibt Körperhilfen.

f) Auf das Hörzeichen „Fuß" hat sich der Hund nach weiteren 3 Sekunden schnell und dicht neben seinen Hundeführer zu setzen, indem er vorne oder hinten herumgeht. Dann kann der Hund kurz gelobt werden.

Fehler:
Hund geht nicht oder nur langsam oder zögernd bei Fuß.
Hund setzt sich nicht korrekt neben HF.
HF ändert seine Grundstellung oder gibt Körperhilfen.

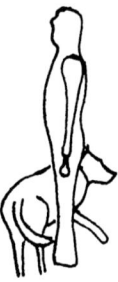

g) Der Hundeführer wartet 3 Sekunden und begibt sich in die Grundstellung für die nächste Übung.

Die schematische Darstellung der Bringübung auf ebener Erde ergibt folgendes Bild:

Gst. _ _ _ _ _ _ _ _ _ _ Holz, Hund bringt

├————— ca. 10 Schritt —————┤
normal

6. Bringen eines dem Hundeführer gehörenden Gegenstandes im Freisprung über eine 1 m hohe und 1,50 m breite Buschhürde

Bewertung: 15 Punkte, *Hörzeichen:* „Hopp" – „Bring" – „Aus" – „Fuß".

Ausführung

a) Der Hundeführer nimmt in einer angemessenen Entfernung (etwa 4–5 Schritt) vor der Hürde mit seinem unangeleinten Hund Grundstellung ein.

—— 4–5 Schritt ——

b) Nach 3 Sekunden wirft der Hundeführer ein 650 g schweres Bringholz ca. 4–5 Schritt weit in gerader Richtung über die Hürde und gibt nach weiteren 3 Sekunden das Hörzeichen „Hopp" – „Bring". Das Hörzeichen „Bring" ist während des Hinsprunges zu geben und das Hörzeichen „Hopp", wenn das Bringholz ruhig liegt.

Fehler:
HF gibt beim oder sofort nach dem Werfen das Hörzeichen „Hopp".
HF gibt erst nach Vollendung des Hinsprunges das Hörzeichen „Bring".
HF ändert seine Grundstellung oder gibt Körperhilfen.
HF gibt falsches oder doppeltes Hörzeichen.
Hund sitzt unruhig.

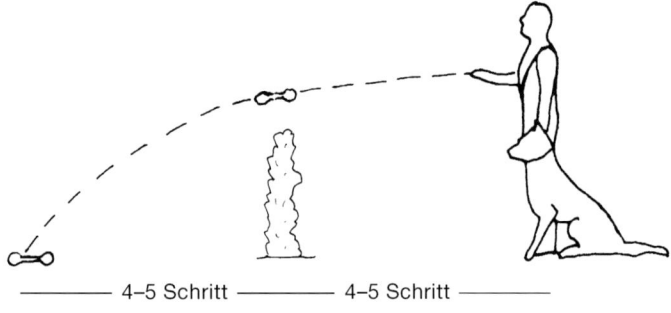

——— 4–5 Schritt ——————— 4–5 Schritt ———

c) Der ruhig sitzende Hund hat unverzüglich und schnell im Frei-
   sprung über die Hürde zu setzen, den Gegenstand sofort aufzunehmen und ihn seinem Hundeführer schnell über die Hürde wieder
   zurückzubringen, ohne auf diese aufzusetzen oder diese zu streifen.

   Fehler:
   Hund springt vorzeitig und ohne Hörzeichen.
   Hund streift beim Springen die Hürde oder setzt auf.
   Hund verweigert Hin- oder Rücksprung oder beide Sprünge.
   Hund nimmt Gegenstand zögernd auf, lässt ihn fallen, knautscht
   oder spielt mit ihm.
   Hund bringt den Gegenstand nicht.
   HF ändert seine Grundstellung oder gibt Körper- oder akustische
   Hilfen.

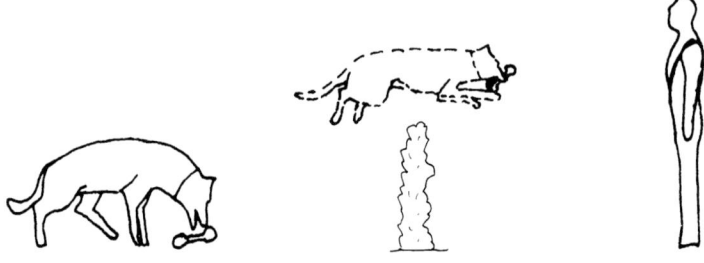

d) Der Hund hat sich dicht und gerade vor seinen Hundeführer zu
   setzen und den Gegenstand ruhig im Fang zu halten.

   Fehler:
   Hund setzt sich nicht dicht vor oder bleibt stehen.
   Hund setzt sich schräg vor oder läuft am HF vorbei.
   Hund hält Gegenstand nicht ruhig im Fang.

HF ändert seine Grundstellung oder gibt Körper- oder akustische Hilfen.

e) Nach 3 Sekunden nimmt der Hundeführer beidhändig dem Hund das Bringholz mit dem Hörzeichen „Aus" ab und hält es an einer Körperseite fest.

Fehler:
Hund gibt den Gegenstand nicht oder nur schwer her.
Hund lässt den Gegenstand fallen.
HF gibt doppeltes oder falsches Hörzeichen.
HF ändert seine Grundstellung oder gibt Körperhilfen.

f) Auf das Hörzeichen „Fuß" hat sich der Hund nach weiteren 3 Sekunden schnell und dicht neben seinen Hundeführer zu setzen, indem er vorne oder hinten herumgeht. Dann kann der Hund kurz gelobt werden.

Fehler:
Hund geht nicht oder nur langsam oder zögernd bei Fuß.
Hund setzt sich nicht korrekt neben HF.
HF ändert seine Grundstellung oder gibt Körperhilfen.

g) Der Hundeführer wartet 3 Sekunden und begibt sich in die Grundstellung für die nächste Übung.
Die schematische Darstellung der Bringübung über eine Buschhür-
de ergibt folgendes Bild:

Gst. _ _ _ _ _ _ _ _ _ _ _ _ _ _ _ _ _ _ Holz, Hund bringt

╁ ca. 5 Schritt ╁ ca. 5 Schritt ╁
        normal   normal

7. Voraussenden mit Hinlegen
Bewertung: 19 Punkte, *Hörzeichen:* „Fuß" – „Voraus" – „Platz" – „Sitz"

Ausführung

a) Der Hundeführer nimmt mit seinem unangeleinten Hund Grundstellung ein.

b) Nach 3 Sekunden gibt der Hundeführer das Hörzeichen „Fuß" und geht mit seinem frei bei Fuß folgenden Hund ca. 10 Schritte in der ihm angewiesenen Richtung gerade.

Fehler:
Hund läuft vor, nach oder seitlich.
HF gibt Körper- oder akustische Hilfen.
HF geht nur wenige Schritte.

c) Unter gleichzeitigem Erheben des Armes gibt der Hundeführer dem Hund das Hörzeichen „Voraus" und bleibt stehen. Dabei kann er den Arm so lange richtungsweisend hochhalten, bis sich der Hund gelegt hat.

Fehler:
HF wiederholt das Armheben.
HF gibt andere Körper- oder akustische Hilfen.

d) Der Hund hat sich in schneller Gangart mindestens 25 Schritt in der angezeigten Richtung zu entfernen.

Fehler:
Hund entfernt sich nicht oder nur langsam und zögernd.
Hund entfernt sich vorzeitig und ohne Hörzeichen.
Hund weicht von der angezeigten Richtung stark ab.
Hund läuft keine 25 Schritt.

e) Auf das Hörzeichen „Platz" hat sich der Hund sofort hinzulegen. Dabei darf der Hundeführer den Arm so lange richtungweisend hochhalten, bis der Hund sich gelegt hat.

Fehler:
Hund legt sich vorzeitig.
Hund legt sich nicht oder nur zögernd hin.
HF gibt mehr als ein Hörzeichen.

———————— mind. 25 Schritt ————————

f) Auf Anweisung holt der Hundeführer seinen Hund ab, indem er sich an dessen rechte Seite begibt und nach 1–2 Sekunden das Hörzeichen „Sitz" gibt.

Fehler:
Hund steht beim Abholen auf.
Hund steht nicht oder nur nach mehrmaligem Hörzeichen auf.
HF gibt Körper- oder akustische Hilfen.

g) Der Hundeführer wartet 1–2 Sekunden, lobt den Hund kurz und begibt sich in die Grundstellung für die nächste Übung.

Die schematische Darstellung der Vorausübung ergibt folgendes Bild:

8. Ablegen des Hundes unter Ablenkung
Bewertung: 10 Punkte, *Hörzeichen:* „Platz" – „Sitz"
Ausführung nach dem Arbeitsschema für die Begleithundprüfung:

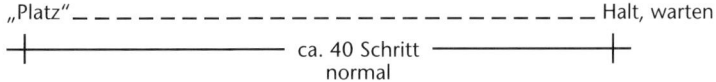

Abteilung C: Schutzdienst
Höchstbewertung: 100 Punkte

Allgemeines
Volle Punktzahl kann nur ein Hund erhalten, der optimale Belast-
barkeit, Führigkeit, Selbstsicherheit und Triebverhalten zeigt.
Umgekehrt kann ein Hund den Schutzdienst nicht bestehen, wenn
er

- nicht in der Hand des Hundeführers steht.
- nach drei bis vier Hörzeichen nicht vom Helfer ablässt.
- durch manuelle Einwirkung des Hundeführers zum Ablassen gebracht wird.
- bei einer Angriffsübung versagt oder sich verdrängen lässt.
- in den Bewachungsphasen den Helfer angreift oder beißt.

Außerdem ist das Bellen des Hundes nur am Versteck und in den
Bewachungsphasen gestattet.

1. Revieren oder Streifen nach dem Helfer
Bewertung: 5 Punkte, *Hörzeichen:* „Revier" oder „Voran" – „Hier" oder
„Hier mit Hundename"

a) Der Hundeführer geht mit dem angeleinten Hund zum Richter,
   nimmt Grundstellung ein und meldet: „Hundeführer Sowieso meldet sich zum Schutzdienst".

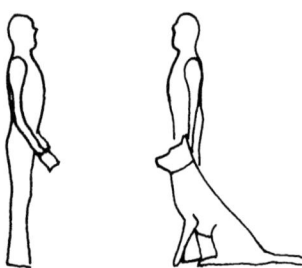

b) Der Hundeführer geht mit seinem Hund auf die gedachte Mittel-
   linie in Höhe des 5. Versteckes in Grundstellung. Der Hund sitzt
   frei bei Fuß ohne zu bellen.

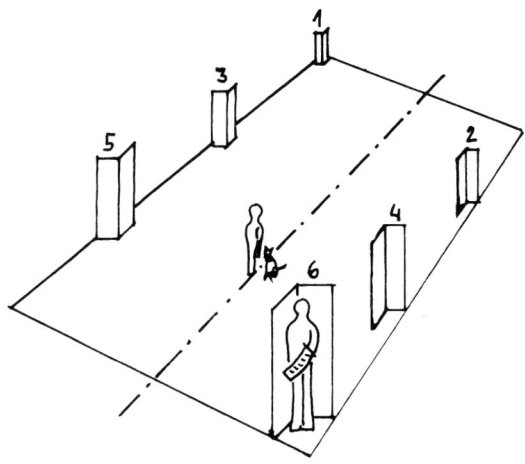

c) Auf Anweisung schickt der Hundeführer den Hund durch Armheben und dem Hörzeichen „Revier" oder „Voran" in Richtung des 5. Versteckes.

Fehler:
HF hält sich nicht an die Prüfungsordnung.
Hund entfernt sich ohne Anweisung oder missachtet die Signale des Hundeführers.

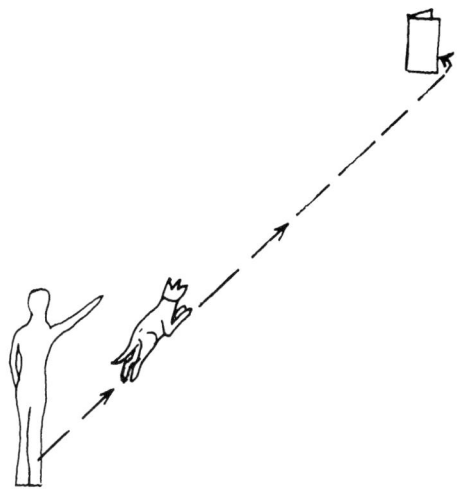

d) Der Hundeführer ruft den Hund mit dem Hörzeichen „Hier", evtl. ergänzt mit dem Rufnamen des Hundes nach An- und Umlaufen des 5. Verstecks zu sich heran und schickt ihn aus der Bewertung mit erneutem Hör- und Sichtzeichen in das 6. Versteck.

Fehler:
Hund reviert langsam oder nicht zielstrebig.
Hund missachtet die Signale des Hundeführers oder bellt in der Bewegung.

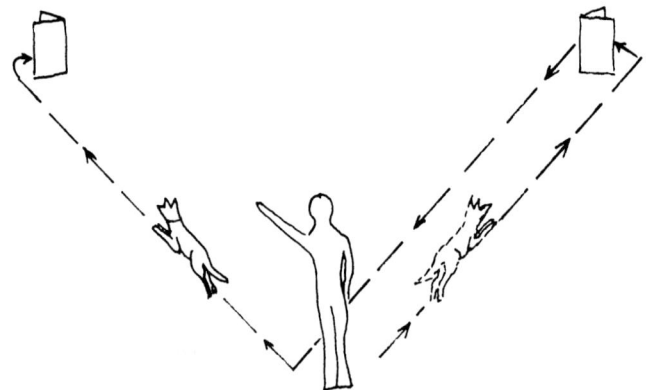

2. Stellen und Verbellen
Bewertung: 20 Punkte, *Hörzeichen:* keine

Ausführung

a) Der Hundeführer bleibt still stehen, wenn der Hund den Helfer erreicht hat. Der Hund hat den Helfer aufmerksam zu stellen und anhaltend zu verbellen, ohne dabei unsauber zu werden.

Fehler:
HF hält sich nicht an die Prüfungsordnung.
Hund stellt unkonzentriert oder bellt regelwidrig.
Hund belästigt den Helfer in irgendeiner Form.
Hund verlässt den Helfer.

b) Auf Anweisung geht der Hundeführer zum Hund und begibt sich auf erneute Anweisung mit seinem Hund 1 Schritt vom Helfer weg in die Grundstellung. Dann fordert der Hundeführer den Helfer auf, 5 Schritte aus dem Versteck herauszutreten.

Fehler:
wie unter Punkt a).

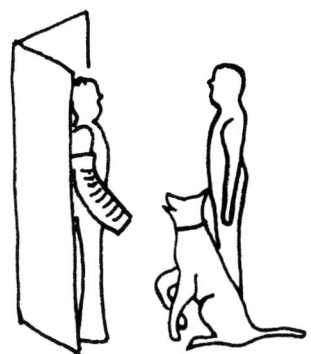

3. Fluchtversuch des Helfers
Bewertung: 25 Punkte, *Hörzeichen:* „Sitz" – „Voran" – „Aus"

Ausführung

a) Auf Anweisung bringt der Hundeführer seinen Hund in einer Entfernung von 5 Schritten zum Helfer in Sitzposition und begibt sich zum Versteck.

HF hält sich nicht an die Prüfungsordnung.
Hund bewacht unkonzentriert oder bellt regelwidrig.
Hund verändert oder verlässt seine Sitzposition.

b) Auf Anweisung unternimmt der Helfer einen Fluchtversuch, den der Hund auf Hörzeichen des Hundeführers sofort durch energisches und kräftiges Zufassen vereiteln muss.

Fehler:
HF hält sich nicht an die Prüfungsordnung.
Hund verlässt vorzeitig die Sitzposition.
Hund zeigt wenig oder keinen Helferdrang.

c) Auf Anweisung bleibt der Helfer still stehen, worauf der Hund auf Hörzeichen sofort ablassen und den Helfer dicht und aufmerksam bewachen muss.

Fehler:
HF hält sich nicht an die Prüfungsordnung.
Hund missachtet das Hörzeichen des HF.
Hund bewacht nicht oder unkonzentriert.

4. Abwehr des Hundes aus der Bewachungsphase
Bewertung: 25 Punkte, *Hörzeichen:* „Aus"

Ausführung

a) Auf Anweisung unternimmt der Helfer nach einer Bewachungszeit
   von 5 Sekunden einen Angriff auf den Hund, den dieser sofort und
   ohne Einwirkung des Hundeführers durch energisches und kräftiges Zufassen zu begegnen hat.

   Fehler:
   Hund reagiert zögernd oder triebschwach.
   Hund versagt oder lässt sich verdrängen bzw. vertreiben.

b) Auf Anweisung bleibt der Helfer still stehen, worauf der Hund auf
   Hörzeichen sofort ablassen und den Helfer dicht und aufmerksam
   bewachen muss.

Fehler:
wie unter Punkt 3 c).

5. Angriff auf den Hund aus der Bewegung
Bewertung: 25 Punkte, *Hörzeichen:* „Aus" – „Fuß"

Ausführung

a) Auf Anweisung tritt der Hundeführer zu seinem Hund, nimmt ihn bei Fuß, geht in die Mitte des Platzes (etwa auf der Höhe des 3. Verstecks) und nimmt die Grundstellung ein. Dabei kann der Hund am Halsband festgehalten werden.

Fehler:
HF hält sich nicht an die Prüfungsordnung.
Hund verändert oder verlässt vorzeitig seine Sitzposition.
Hund bellt regelwidrig.

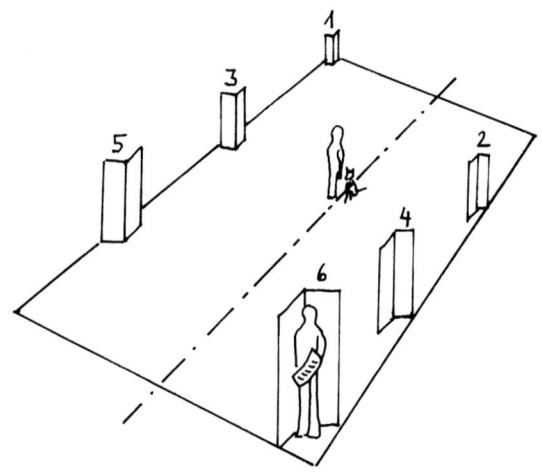

b) Auf Anweisung tritt der im 6. Versteck befindliche Helfer hervor und geht solange im Normalschritt direkt auf den Hund zu, bis der Richter die Freigabe des Hundes anordnet. Dabei darf der Hundeführer seinen Platz nicht verlassen.

Fehler:
wie unter Punkt a).

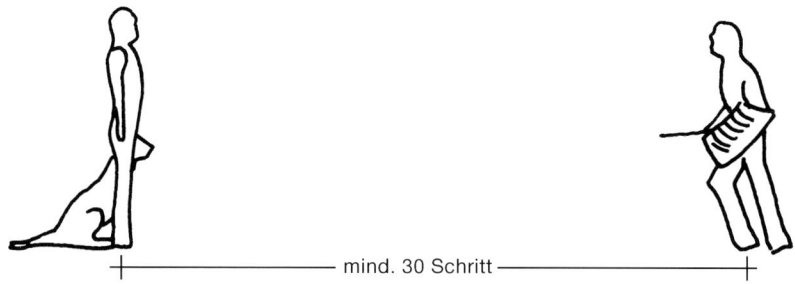

c) Der Helfer greift den Hund sofort mit heftigen Drohbewegungen und Vertreibungslauten frontal an, wenn dieser frei ist.

Fehler:
wie unter Punkt 4 a).

d) Der Hund muss den Angriff des Helfers sofort durch energisches und kräftiges Zufassen abwehren. Dann erhält der Hund zwei Stockschläge.

Fehler:
Hund reagiert zögernd oder triebschwach.
Hund versagt oder lässt sich verdrängen bzw. vertreiben.
Hund weicht den Schlägen aus.

e) Auf Anweisung steht der Helfer still. Der Hund hat auf Hörzeichen sofort abzulassen und den Helfer dicht und aufmerksam zu bewachen.
Fehler und Abbildung wie unter Punkt 4 b).

f) Auf Anweisung geht der Hundeführer zu seinem Hund und nimmt dem Helfer den Stock ab, während der Hund weiterhin bewacht.

Fehler:
Hund bewacht nicht oder unkonzentriert.
Hund missachtet das Hörzeichen des HF.
Hund belästigt den Helfer in irgendeiner Form.

g) Der Hundeführer stellt sich zum Seitentransport auf und führt den Helfer zum Richter. Dabei hat der Hundeführer rechts neben dem Helfer zu gehen, so dass der frei geführte Hund zwischen Hundeführer und Helfer ist.

Fehler:
HF hält sich nicht an die Prüfungsordnung.
Hund missachtet das Hörzeichen des HF.
Hund belästigt den Helfer in irgendeiner Form.

 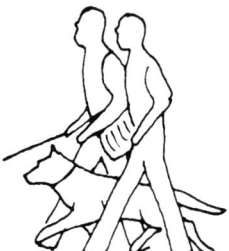

h) Vor dem Richter gehen Hundeführer und Helfer in Grundstellung und der Hundeführer übergibt dem Richter den Stock. Dann verlässt der Helfer den Platz, während der Hundeführer mit seinem frei sitzenden Hund die Bewertung entgegennimmt. Nach der Bewertungsbekanntgabe verlässt der Hundeführer mit seinem frei folgenden Hund den Platz.

Fehler:
Hund wird nicht frei geführt.
Hund steht nicht im Gehorsam.

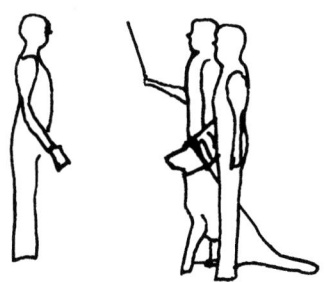

III. Die Wachhundprüfung (WH)

Eine bisher wenig beachtete, aber in Zeiten steigender Eigentumsdelikte sehr wichtige Prüfung ist die für Wachhunde (WH). An der Prüfung können Hunde aller Rassen und Größen teilnehmen. Das Mindestalter beträgt zwölf Monate. Dabei werden keine Ausbildungskennzeichen vergeben, sondern nur die Werturteile „Bestanden" oder „Nicht bestanden".

Die Prüfung ist bestanden, wenn 70 Prozent der Gesamtpunktzahl von 200 Punkten erreicht sind = 140 Punkte.

Der Prüfungsablauf umfasst folgende Übungen:

Gehorsamsprüfungen analog der Begleithundprüfung (BH). Diese sind:

1. **Leinenführigkeit = 15 Punkte**
2. **Freifolge = 15 Punkte**
3. **Sitzübung = 10 Punkte**
4. **Ablegen in Verbindung mit Herankommen = 10 Punkte**
5. **Ablegen unter Ablenkung = 10 Punkte**

Summe = 60 Punkte

Dabei können bei der 5. Übung Gegenstände bis Aktentaschengröße beim Hund abgelegt werden.

6. Holen eines Gegenstandes
Bewertung: 15 Punkte, *Hörzeichen:* „Hol's"

Ausführung
Der Hundeführer entfernt sich wie bei der Sitzübung ca. 30 Schritt von seinem Hund und legt einen Gegenstand ab. Nach der Rückkehr zum Hund gibt der Hundeführer das Hörzeichen „Hol's", worauf der Hund sofort, schnell und freudig den abgelegten Gegenstand bringen soll.

Fehler:
HF hält sich nicht an die Prüfungsordnung.
HF gibt Körper- oder akustische Hilfen.
Hund verlässt vorzeitig seinen Standort.
Hund nimmt Gegenstand zögernd auf, lässt ihn fallen, knautscht ihn, spielt mit ihm oder bringt nicht.

7. Anhänglichkeit
Bewertung: 10 Punkte, *Hörzeichen:* ohne

Ausführung

a) Der Hund wird angeleint und einer zweiten Person übergeben. Dann geht der Hundeführer in Sicht des Hundes zu einer ca. 80 Schritt entfernt stehenden Personengruppe.

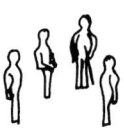

b) Nach einer Entfernung von ca. 30 Schritt wird dem Hund die Sicht auf den Hundeführer durch Vorstellen einer Wand oder Ähnlichem genommen.

Fehler:
Hund erhält die Möglichkeit, den HF weiterhin ganz oder teilweise zu beobachten.

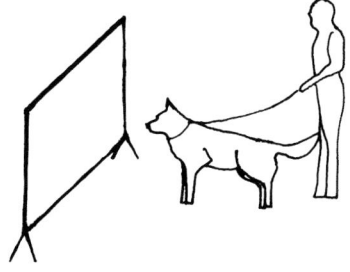

c) Hat der Hundeführer die Personengruppe erreicht, tritt er in die Gruppe und verhält sich ruhig. Dann wird der Hund abgeleint und sein Suchverhalten beobachtet.

Fehler:
Hund sucht vorwiegend mit Augen und Gehör.
Hund lässt sich beim Suchen von der Umwelt ablenken.
Hund gibt die Suche auf oder sucht nicht.

d) Der Hund wird vom Hundeführer gelobt, wenn er diesen gefunden hat.

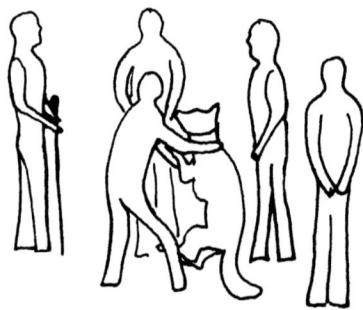

8. Besitzwahrung
Bewertung: 15 Punkte, *Hörzeichen:* „Pass auf".

Ausführung

a) Der Hundeführer bindet seinen Hund auf Anweisung an eine nicht gestraffte Kette und legt einen größeren Gegenstand bei ihm ab, z. B. Aktentasche, Koffer, Rock usw.

Fehler:
Die Gegenstände sind zu groß oder zu klein.

b) Dann gibt der Hundeführer das Hörzeichen „Pass auf", entfernt sich ca. 20 Schritt in Sicht des Hundes und bleibt ruhig stehen.

Fehler:
HF animiert den Hund nicht zum Aufpassen.
HF hält die Schrittzahl nicht ein.

c) Darauf geht der Richter oder eine dritte Person in einer Entfernung von ca. 5 Meter ruhig am Hund vorbei und zurück. Dabei hat der Hund sich abwartend zu verhalten.

Fehler:
Hund verlässt den Gegenstand.
Hund zeigt Angriff- oder Meideverhalten.

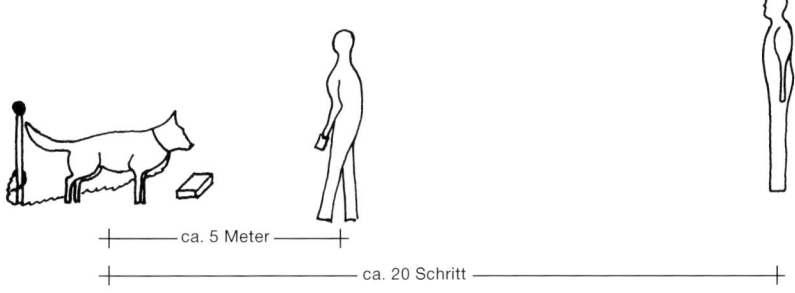

d) Anschließend versucht der Richter oder die dritte Person dem Hund den Gegenstand fortzunehmen. Dabei hat der Hund eine drohende Haltung einzunehmen wie Knurren, Drohbellen, Angriffshaltung usw.

Fehler:
Hund reagiert nicht oder unentschlossen.
Hund lässt sich überlisten oder einschüchtern.
Hund zeigt Fluchtverhalten.

e) Zeigt der Hund eine deutliche Verteidigungsbereitschaft, geht die Versuchsperson außer Sicht und der Hundeführer holt nach einer halben Minute seinen Hund auf Anweisung ab.

Fehler:
Hund verbleibt nach Testabschluss nicht beim Gegenstand.

9. Wachsamkeitstest
Bewertung: 100 Punkte, *Hörzeichen:* ohne

Ausführung

● **Teil I:** Bewertung: 30 Punkte
Der Hund wird unangebunden in eine umzäunte Fläche von 7 × 7 Meter oder in das Vereins- oder Clubhaus gesperrt mit Sicht nach außen.

Dort hat der Hund jede Annäherung einer Fremdperson an seinen Aufenthaltsort durch Bellen anzuzeigen.

Fehler:
Hund ist unaufmerksam oder bellt nicht.
Hund zeigt keine Wachsamkeitsreaktionen.

 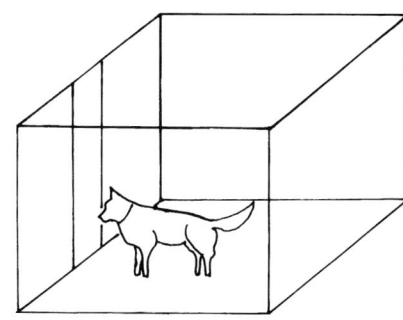

- **Teil II:** Bewertung: 40 Punkte

a) Die Versuchsperson ergreift sofort die Flucht, wenn der Hund sich bemerkbar macht.

Fehler:
Helfer ignoriert die Wachsamkeit des Hundes.

 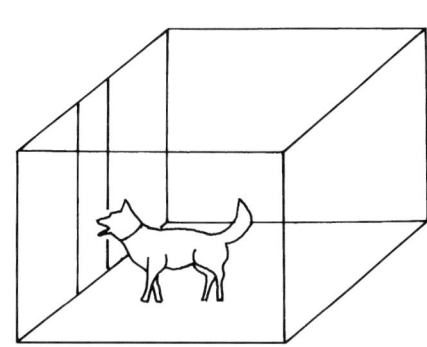

b) Dann betritt der Hundeführer den Aufenthaltsort des Hundes und hält den Hund so lange fest, bis der in Sicht des Hundes fliehende Helfer ein sicheres Versteck bezogen hat.

Fehler:
HF hält den Hund nicht fest oder lässt ihn vorzeitig los.

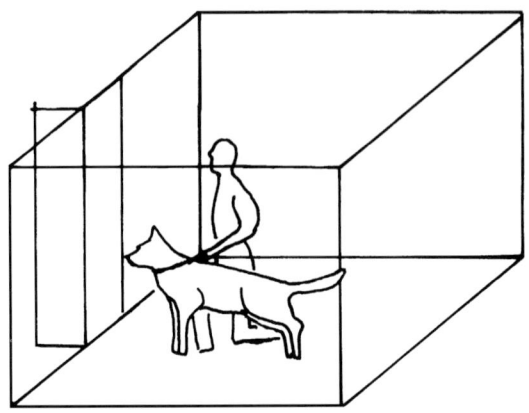

c) Darauf lässt der Hundeführer den Hund los, worauf dieser sich sofort zum Versteck des Helfers zu begeben hat. Dort hat er den sichtbar oder unsichtbar postierten Helfer zu verbellen.

Fehler:
Hund interessiert sich nicht für den Helfer.
Hund verbellt nicht oder bleibt nicht am Versteck.

- **Teil III:** Bewertung: 30 Punkte

Der Hund wird an einer Kette festgemacht, die sich an einem ca. 15 Meter langen Laufdraht befindet. Dann reizt eine Versuchsperson den Hund an einem Ende des Laufdrahtes, worauf der Hund mit Angriff zu reagieren hat. Dieser Test wird nach Vertreibung des Helfers am anderen Ende des Laufdrahtes mit einer anderen Versuchsperson wiederholt. Auch hier hat der Hund mit Aufmerksamkeit und Angriff zu reagieren.

Fehler:
Hund reagiert nicht oder unentschlossen.
Hund zeigt Fluchtverhalten.

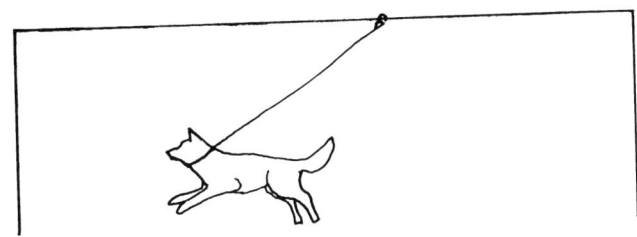

IV. Die Rettungshund-Tauglichkeitsprüfung (RHT)

Wie schon ausgeführt, ist die Rettungshund-Tauglichkeitsprüfung eine vorbereitende Prüfung und ersetzt *nicht* die eigentliche Rettungshund-Prüfung. Mit der von der AZG beschlossenen Prüfungsordnung sollen die Gebrauchshundevereine lediglich in die Lage versetzt werden, geeignete Hunde für die Rettungshundausbildung zu nominieren.

Allgemeines
An der Prüfung können Hunde aller Rassen teilnehmen, die

- körperlich und in ihrer sonstigen Veranlagung zur Ablegung einer solchen Prüfung geeignet sind. Dabei ist die körperliche Eignung durch das Bestehen einer Konditionsprüfung nachzuweisen.
- über ein gutes Wesen und eine gute Nasenveranlagung verfügen.
- mindestens 14 Monate alt sind.

Die Prüfung selbst besteht aus drei Teilen:

1. Die Konditionsprüfung
2. Die Fährtenarbeit unter Einwirkungen

3. Die Unterordnungsleistungen unter Einwirkungen

Die Prüfung ist bestanden, wenn

- die erfolgreiche Absolvierung der Konditionsprüfung oder einer Ausdauerprüfung schriftlich nachgewiesen wird.
- in der Fährtenarbeit mindestens 70 Prozent der Gesamtpunktzahl von 100 Punkten erreicht sind = 70 Punkte.
- in den Unterordnungsleistungen mindestens 70 Prozent der Höchstpunktzahl von 60 Punkten erreicht sind = 42 Punkte.

Ein Ausbildungskennzeichen wird nicht vergeben, sondern nur ein Werturteil „Bestanden" oder „Nicht bestanden".

1. Konditionsprüfung
Bewertung: „Bestanden" oder „Nicht bestanden".

Ausführung
Der Hund hat eine Strecke von 10 km Länge in einem Zeitraum von ca. 70 Minuten trabend zurückzulegen. Dabei darf er weder gesundheitliche Schäden noch Übermüdungserscheinungen zeigen.
Diese Laufübung hat der Hund angeleint an der rechten Seite des Führers neben dem Fahrrad abzuleisten. Sie ist vor der Fährtenarbeit und den Unterordnungsleistungen durchzuführen, aber nicht an den Prüfungstermin einer Rettungshund-Tauglichkeitsprüfung gebunden.
Das Bestehen der Konditionsprüfung ist schriftlich zu bestätigen, weil sie die Voraussetzung zur weiteren Teilnahme an der Rettungshund-Tauglichkeitsprüfung ist.

2. Fährtenarbeit unter Einwirkungen
Bewertung: 100 Punkte, *Hörzeichen:* „Such"

Allgemeines
Der Fährtenleger hat

a) zwei Gegenstände mindestens ½ Stunde lang an schweißaktiven Körperteilen zu tragen, damit sie gut verwittern.
b) die Gegenstände vor dem Fährtenlegen dem Richter zu zeigen.
c) die Gegenstände nicht neben, sondern auf die Fährte zu legen.

d) beim Ablegen der Gegenstände nicht zu scharren oder stehen zu bleiben.

Die Gegenstände dürfen

a) nur Gebrauchsgegenstände und nicht größer als eine Brieftasche sein, wie z. B. eine Geldbörse, Brillentaschen usw.
b) aber auch nicht zu klein sein, wie z. B. Wäscheklammern, Streichholzschachteln usw.
c) sich in der Farbe nicht wesentlich vom Gelände abheben.
d) keine sogenannten „Suchpäckchen" sein.

Der Hundeführer kann seinen Hund an- oder abgeleint fährten lassen. Die vom Hundeführer gehaltene Fährtenleine darf durchhängen. Das Überschießen der Winkel ist kein Fehler. Die Fährte muss eine mindestens 30 Minuten alte Fremdfährte ohne festes Schema sein. Die Fährte ist ungefähr 600 bis 700 Schritt lang und enthält mindestens zwei spitze oder stumpfe Winkel. Der Verlauf der Fährte ist den Gelände- bzw. Bewuchsformen anzupassen und wird in jedem Fall vom Richter bestimmt. Der erste Teil der Fährte muss quer zur Windrichtung liegen (Seitenwind) und durch den Rauch eines Feuers führen. Das Feuer mit starker Rauchentwicklung (nasses Gras) ist ca. 50 Schritt vom Abgang entfernt auf der Windseite zu entzünden. Der Abstand des Feuers zur Fährte hängt ab von der Wärmeentwicklung. Sie muss für den Hund erträglich sein.

1. Das Legen der Fährte

Ausführungen

a) Nachdem der fremde Fährtenleger dem Richter die zwei Gegenstände gezeigt hat, betritt und kennzeichnet er den bei der IPO 1 beschriebenen Abgang. Nach etwa 1–2 Minuten begeht der Fährtenleger in normaler Gangart mit nicht zu großen oder kleinen Schritten die vom Richter vorgeschriebene 600 bis 700 Schritt lange Fährtenstrecke.

Fehler:
Fährtenleger handelt entgegen den Anweisungen des Richters.
Fährtenleger hält die Schrittzahl oder die Gangart nicht ein.
Fährtenleger zeigt nicht die Gegenstände oder benutzt Suchpäckchen.

Gegenstände sind zu klein, zu groß oder zu auffällig.
Fährtenleger kennzeichnet oder vertritt die Abgangsstelle der Fährte nicht gut genug.

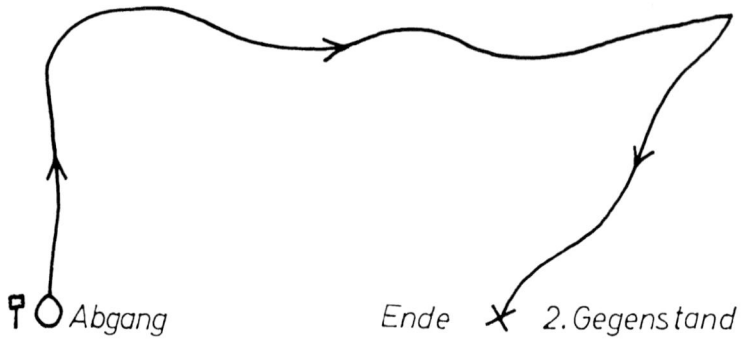

₸ O Abgang   Ende ✗ 2. Gegenstand

b) Die zwei Gegenstände sind so auf der Fährte zu verteilen, dass der erste etwa in der Mitte des zweiten Schenkels und der zweite am Ende der Fährte liegt. Nach dem letzten Gegenstand geht der Fährtenleger noch einige Schritte geradeaus weiter und kommt dann abseits der Fährte wie bei der IPO 1 zurück.

Fehler:
Erster Gegenstand liegt nicht im 2. Schenkel.
Gegenstände liegen auf einem Winkel oder in der Nähe.
Fährtenleger legt die Gegenstände nicht auf die Fährte oder deckt sie zu.
Fährtenleger tritt die Winkel nicht gut oder verändert den Fährtengeruch beim Ablegen der Gegenstände.
Fährtenleger verändert die Stückzahl der Gegenstände.
Fährtenleger geht sofort nach Ablage des zweiten Gegenstandes von der Fährte.
Fährtenleger kommt auf der Fährte zurück oder kreuzt diese.

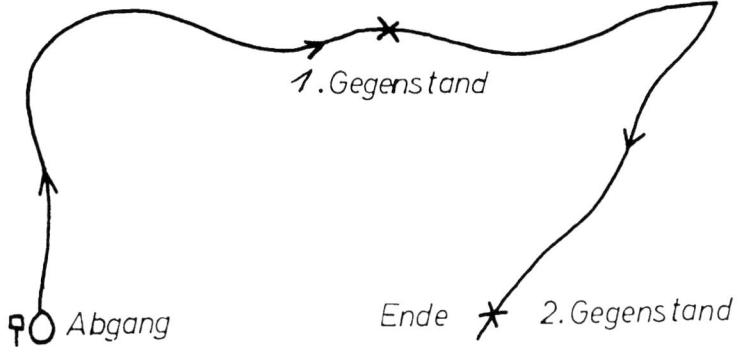

1.Gegenstand

Abgang   Ende   2.Gegenstand

c) Etwa 5 Minuten vor dem Ansetzen des Hundes ist neben der Fährte ein Feuer mit starker Rauchentwicklung zu entzünden. Die Lage des Feuers ist so zu wählen, dass

- der Rauch die Fährte einmal kreuzt.
- die Entfernung von der Abgangsstelle ca. 50 Schritte beträgt.
- die Wärmeentwicklung auf der Fährte für den Hund erträglich ist.

Fehler:
Rauchentwicklung ist zu schwach.
Rauch zieht nicht über die Fährte.
Abstände des Feuers von Abgang und Fährte sind zu weit oder zu gering.

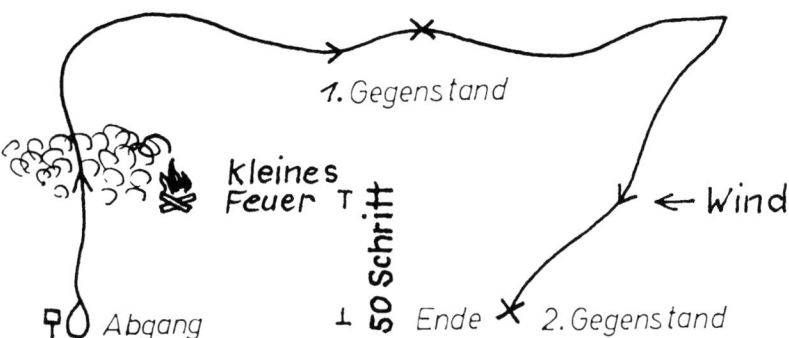

1.Gegenstand

kleines Feuer

50 Schritt

Abgang   Ende   2.Gegenstand

← Wind

2. Das Ausarbeiten der Fährte

d) Auf Anweisung bereitet der HF seinen Hund zur Fährtenarbeit vor, geht nach Aufruf zum Richter, nimmt Grundstellung ein und gibt analog der IPO 1 an, ob sein Hund verweist oder aufnimmt.

Fehler:
HF bereitet seinen Hund nicht zur Fährtenarbeit vor.
HF meldet sich nicht beim Richter oder vergisst Angaben.

e) Auf Anweisung geht der HF mit seinem Hund zur Abgangsstelle, lässt ihn ruhig und ohne Einwirkung die betretene Stelle gründlich abwittern und bleibt stehen, sobald der Hund zu fährten beginnt.

Fehler:
HF lässt den Hund nicht ausgiebig Witterung nehmen.
HF erweckt im Hund den Drang zum Vorwärtsstürmen.
HF geht sofort mit dem Hund, ohne den 10-m-Abstand einzuhalten.
HF gibt Körper- oder akustische Hilfen.
Hund sucht nicht oder nur nach wiederholtem Ansetzen.
Hund fährtet stürmisch, faselt stark, fängt Mäuse etc.

f) Der Hundeführer folgt in einem Abstand von 10 Metern dem ruhig suchenden Hund im Schritt. Stößt der Hund auf einen Gegenstand, so hat er ihn sofort überzeugend zu verweisen oder aufzunehmen.

Fehler:
HF hält den 10-m-Abstand nicht ein oder gibt Suchhilfen.
Hund arbeitet die Fährte oder die Winkel unsicher, unsauber oder hektisch aus.
Hund verweist die Gegenstände nicht oder nicht überzeugend oder nimmt sie liegend auf, knautscht, lässt sie fallen usw.

Hund zeigt einen falschen Gegenstand an oder überläuft einen Gegenstand.

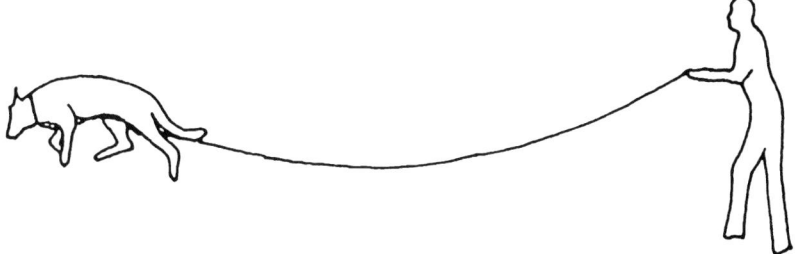

g) Hat der Hund einen Gegenstand gefunden, so begibt sich der HF sofort zu seinem Hund, nimmt den Gegenstand nach dem Hochheben an sich, lobt den Hund und lässt ihn sofort weiterfährten.

Fehler:
Hund bleibt beim Nahen des HF nicht am Gegenstand oder lässt ihn fallen bzw. knautscht darauf herum.
HF gibt Körper- oder akustische Hilfen.

h) Kommt der Hund an das Feuer bzw. in den Rauch, dann darf er sich nicht ablenken lassen oder Angst zeigen, wenn die Wärmeeinwirkung erträglich ist.

Fehler:
Hund lässt sich von dem Rauch beeinflussen.
Hund hat Angst vor dem Feuer.

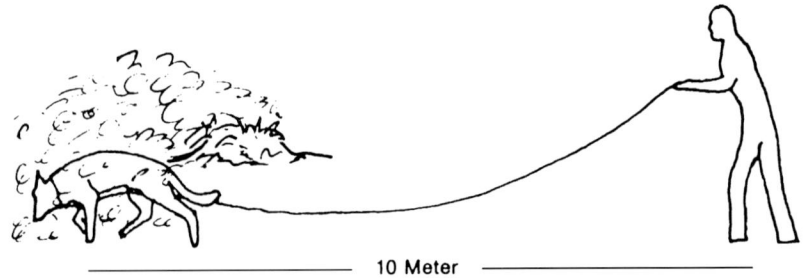

———————————— 10 Meter ————————————

i) Nach Beendigung der Fährtenarbeit meldet sich der HF analog der IPO 1 beim Richter zurück.

Fehler:
HF macht keine korrekte Rückmeldung oder unterlässt sie ganz.

3. Unterordnungsleistungen unter Einwirkungen
Höchstbewertung: 60 Punkte

Allgemeines
Jede Einzelübung wird auf Anordnung des Richters ausgeführt.

1. Freifolge
Bewertung: 15 Punkte, *Hörzeichen:* „Fuß"

Allgemeines

a) Der Hundeführer geht mit angeleintem Hund zum Richter, nimmt Grundstellung ein und meldet: „Hundeführer Sowieso meldet sich zu den Unterordnungsleistungen".

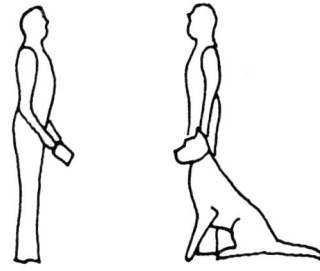

b) Auf Anweisung geht der Hundeführer mit einem angeleinten und links folgenden Hund zur Übung in die Grundstellung. Nach 1–2 Sekunden gibt der Hundeführer das Hörzeichen „Fuß" und führt mit dem freudig und korrekt folgenden Hund die vom Richter angeordnete Freifolge aus. Dabei wird das Halten nicht gezeigt.

Fehler:
HF befolgt nicht die Anweisungen des Richters.
HF gibt Körper- oder akustische Hilfen oder bleibt stehen.
Hund bleibt nicht mit dem Schulterblatt an der linken Seite des HF.
Hund folgt nicht schnell, sicher, freudig und aufmerksam.

c) Die Übung ist im gewöhnlichen, im langsamen und im Laufschritt ausgiebig zu zeigen, jedoch ohne das Halten wie bei der IPO 1. In allen drei Gangarten sind je zwei Rechts-, Links- und Kehrtwendungen auszuführen. Das Hörzeichen „Fuß" ist nur beim Angehen aus der Grundstellung und beim Wechsel der Gangart gestattet.

Fehler:
HF zeigt nicht alle Gangarten oder alle Wendungen.
HF verharrt zögernd bei den Wendungen.
HF gibt Körper- oder akustische Hilfen.
Hund läuft vor, nach oder seitlich.
Hund geht nicht schnell und nahe genug um den HF herum.

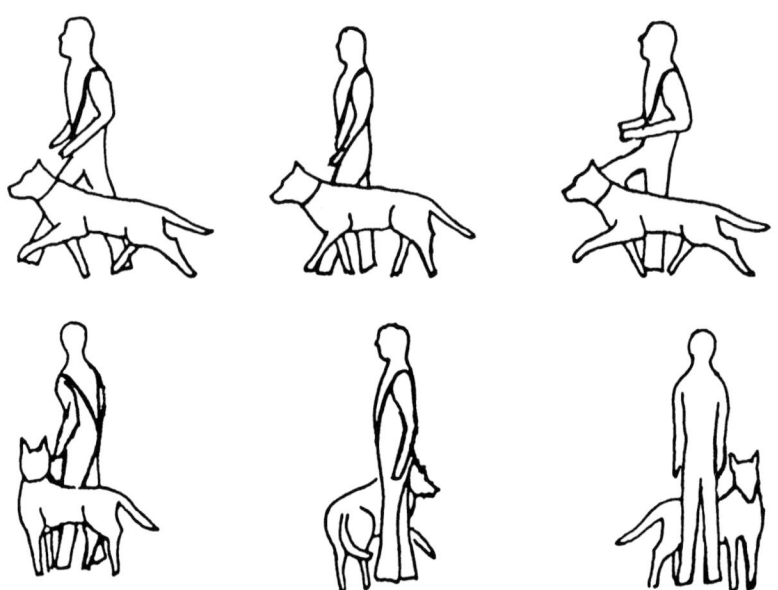

d) Während der gesamten Übung sind starke Geräusche zu erzeugen wie Fallenlassen eines Brettes, Schlagen einer Blechtonne usw. Außerdem sind auf Anweisung zwei bis drei Schüsse in einer Entfernung von 10 m abzugeben. Der Hund hat sich gegenüber allen Geräuschen und Schüssen unbefangen zu verhalten.

Fehler:
Hund ist gegenüber Störgeräuschen nicht unbefangen.
Hund verhält sich nicht schussgleichgültig.

2. Gehen durch eine Personengruppe
Bewertung: 10 Punkte, *Hörzeichen:* „Fuß"

Ausführung
Auf Anweisung geht der Hundeführer mit dem abgeleinten und links bei Fuß folgenden Hund mehrere Male durch eine Gruppe von mindestens fünf Personen, die sich durcheinanderbewegen, gestikulieren usw. Der Hund muss sich hierbei unbefangen zeigen.

Fehler:
HF gibt Körper- oder akustische Hilfen.
Hund belästigt Personen oder reagiert aggressiv.
Hund wird unsicher, nervös und unaufmerksam.
Hund wird ängstlich und scheu oder läuft weg.
Hund läuft vor, nach oder seitlich.

3. Hindernisse
Bewertung: 5 Punkte

Ausführung
Auf Anweisung übersteigt der Hundeführer mit dem frei folgenden Hund mehrere 30–40 cm hohe Hindernisse, die sich voneinander unterscheiden müssen. Der Hund hat dem Hundeführer willig und sicher zu folgen.

Fehler:
Hund wird ungehorsam und verweigert das Übersteigen.
Hund wird unsicher, nervös, ängstlich oder scheu.
Hund verlässt den HF.

4. Holzbohle
Bewertung: 10 Punkte

Ausführung
Auf Anweisung führt der Hundeführer den abgeleinten Hund über
eine 4,50 m lange, etwa 40 cm dicke Holzbohle, die mit kleinkör-
nigem Kies bestreut ist. Die Bohle ist an beiden Enden auf einer
Höhe von 40 cm zu unterbauen. Der Hund muss willig und sicher
die ganze Holzbohle übergehen.

Fehler:
HF gibt Körper- oder akustische Hilfen.
Hund wird ungehorsam und verweigert das Betreten der Bohle.
Hund wird beim Übergehen unsicher, nervös, ängstlich oder
scheu.
Hund verlässt die Holzbohle und erreicht deren Ende auch nicht
bei einer Wiederholung.

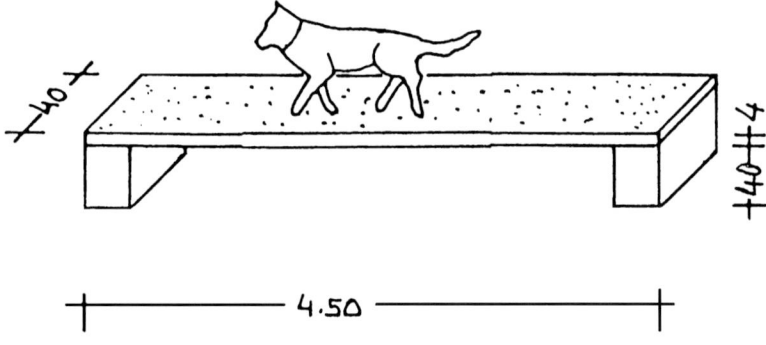

5. Ablegen
Bewertung: 10 Punkte, *Hörzeichen:* „Platz"

Ausführung

a) Auf Anweisung geht der Hundeführer mit dem frei folgenden Hund zum Ablegeplatz, der etwa 30–40 m von dem Aufstellplatz der für die 2. Übung erforderlichen Personengruppe entfernt liegt. Dort nimmt der Hundeführer Grundstellung ein und gibt nach 1–2 Sekunden das Hörzeichen „Platz". Der Hund hat sich sofort zu legen.

Fehler:
HF gibt Körper- oder akustische Hilfen.
Hund sitzt nicht korrekt bei Fuß oder legt sich zögernd hin.

 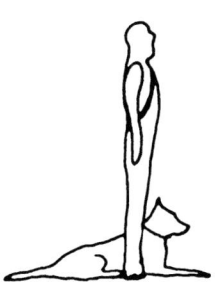

b) In Sicht des Hundes bleibend geht der Hundeführer zu dem Aufstellplatz der Personengruppe. Dort hat er sich bei der Vorführung des nächsten Hundes in der Gruppe mitzubewegen. Der Hund hat auf dem Ablegeplatz ruhig liegen zu bleiben.

Fehler:
HF gibt dem Hund versteckte Hilfen.
HF bleibt der Gruppe fern.
Hund liegt unruhig ab, steht auf oder setzt sich.
Hund verlässt vorzeitig den Ablegeplatz.

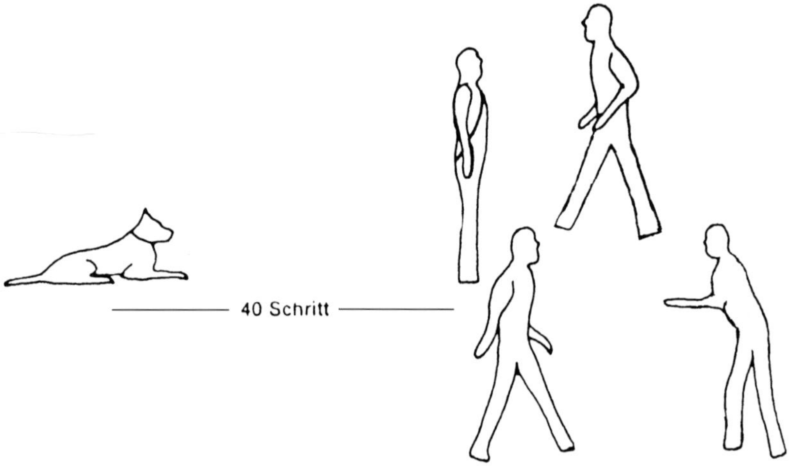

c) Auf Anweisung holt der Hundeführer seinen Hund ab, indem er sich an dessen Seite begibt und nach 1–2 Sekunden das Hörzeichen „Sitz" gibt.

Fehler:
Hund steht beim Abholen auf.
Hund steht nicht oder nur nach mehrmaligem Hörzeichen auf.
HF gibt Körper- oder akustische Hilfen.

d) Der Hundeführer wartet 1–2 Sekunden, lobt den Hund kurz, begibt sich mit dem bei Fuß folgenden Hund zum Richter, nimmt dort Grundstellung ein und meldet: „Unterordnungsleistungen beendet!"

6. Unbefangenheit
Bewertung: 10 Punkte

Ausführung
Die Unbefangenheit des Hundes gegenüber allen Störgeräuschen ist besonders wichtig. Deshalb hat sich deren Bewertung auf die gesamten Übungen zu erstrecken.
Die volle Punktzahl erhält nur der völlig unbefangene Hund. Bei leichter Reaktion des Hundes auf Schuss oder andere starke Geräusche erfolgt nur eine Teilbewertung.

Zusammenfassung
Diese detailliert dargestellten Prüfungen können selbstverständlich ergänzt oder ersetzt werden durch andere nationale oder internationale Prüfungen.

Entscheidend bei *allen* diesen „Vorprüfungen" für die Spezialausbildung ist nur das Werturteil über jenen Bereich, in dem der Schutzhund dereinst als Spezialist *optimal* arbeiten soll.

So sollte z. B. ein angehender „Nasenspezialist" *höchste* Noten in der Fährtenarbeit, ein zukünftiger „Beschützerspezialist" *höchste* Noten im Schutzdienst und ein späterer „Sportspezialist" *höchste* Noten in *allen* Abteilungen der VDH- oder FCI-Prüfungen erzielen.

Dabei sind *optimale* Leistungen des Schutzhundes generell das Resultat einer *von Anfang an* lern- und tierpsychologisch *richtigen* Lehre und Führweise.

Teil IV

Wichtige Faktoren der Spezial-
ausbildung

Das Leistungsniveau eines Schutzhundes hängt ab von dem Ausprägungsgrad seiner *erwünschten* Wesenseigenschaften und der Intensität seiner *speziellen* Förderung. Dabei ist die Erfolgsquote umso größer und sicherer, je konsequenter der Schutzhund nach lern- und tierpsychologisch *richtigen* Gesichtspunkten trainiert wird.

Diese lern- und tierpsychologischen Gesichtspunkte, die bestimmte Ordnungssysteme bilden, basieren auf ganz speziellen Kernstücken. Werden diese Dreh- und Angelpunkte *nicht* oder *unvollkommen* ausgebildet, ist die gesamte Spezialarbeit letztlich ein Vabanquespiel. Den wenn das Ausbildungs-Fundament brüchig ist, wird auch das Ausbildungs-Gebäude keinen sicheren Stand haben.

I. Die Kernstücke des Spezialtrainings

Die Hauptsache der lern- und tierpsychologisch *richtigen* Spezialarbeit sind für *alle* Führer- und Hundetypen sowie für *alle* Verwendungsarten des Schutzhundes die **Selbstbeherrschung** und das **Durchsetzungsvermögen**.

Diese zwei Fertigkeiten sind in der Regel *gezielt* zu erlernen. Dabei ist für das *richtige* Verständnis Folgendes zu beachten:

1. Die Selbstbeherrschung oder das „Sich-in-der-Gewalt-haben" ist die Grundlage für eine *gehorsame* und *fehlerfreie* Arbeitsweise des Schutzhundes. Deshalb soll dieser Kernpunkt dem Schutzhund schon in der Prägungs- und Belehrungsphase ab der 8. Lebenswoche gelehrt werden.

Dabei kann die Konditionierung auf die Zurückhaltung erfolgen:

a) analog der Tabuisierungsübungen des Vaterrüden in der Natur. Diesen Übungen entsprechen im Mensch-Hund-Rudel die Lektionen: „Nichtanspringen", „Betteln, Stehlen, Unrat-Fressen", „Knabbern und Kauen", „Bleib da" usw. Dabei ist die letzte Lektion besonders *wichtig* für das Erlernen der Selbstbeherrschung.

b) durch eine systematische Einengung der hundlichen Freiheit. Diese Maßnahme beinhaltet im Mensch-Hund-Rudel die Lektionen: „Leinenführigkeit", „Sitz", „Platz", „Steh" usw. Dabei ist die letzte Lektion in Verbindung mit der Übung „Bleib da" ein *ideales* Beherrschungstraining. Denn diese Anforderungen für das „Steh – Bleib da" können dem Schutzhund bei der *täglichen* Körperpflege gelehrt werden. Damit ist für den Hundeführer auch der Vorteil verbunden, einen *ruhig* stehenden Schutzhund zu erhalten, den er *problemlos* umkreisen und an *allen* Körperteilen berühren, pflegen, säubern usw. kann.

(Die unter Punkt a) und b) aufgeführten Lektionen sind in dem Buch: „Vom Welpen zum idealen Schutzhund" detailliert beschrieben.)

Das Ziel dieser Belehrung besteht darin, die Selbstbeherrschung im Schutzhund so *früh wie möglich* zu verankern bzw. eine *unwiderrufliche* Verknüpfung im Gehirn zu schaffen. Denn lernt der Schutzhund diese erste wichtige Grundlage jeder *sinnvollen* Hundeausbildung nicht rechtzeitig, kann ihm diese für den *wahren* Erfolg unabdingbare Verhaltensweise später nur noch durch eine *straffe* Disziplinierung oder über das Vermeidungslernen beigebracht werden, z. B. durch Starkzwang mit dem Teletakt-Gerät.

Jedoch besteht die Folge dieser „bedingten Aversion" darin, dass der Schutzhund sich oft nur in der entsprechenden Schocksituation zwecks Strafvermeidung richtig verhält.

Die jeweilige Lernart zeigt der Schutzhund in allen Prüfungsabteilungen mehr oder weniger deutlich. Dabei gelten allgemein folgende Regeln:

1. Der auf die Selbstbeherrschung *konditionierte* Schutzhund arbeitet aufmerksam und *sicher*, korrekt und *konzentriert* = positives, natürliches Verhalten durch eine autoritäre Lehrweise oder Reaktionsform des Reifungsprinzips.
2. Der zur Zurückhaltung *genötigte* Schutzhund arbeitet aufmerksam und *furchtsam*, korrekt und *roboterhaft* = negatives, natürliches Verhalten durch eine tyrannische Lehrweise oder Reaktionsform des Existenzprinzips.

Das für einen Schutzhund bedauerlichste Verhalten aber zeigen jene Tiere *ohne* erlernte Selbstbeherrschung. Diese zeichnen sich allgemein aus durch eine uninteressierte und unsichere, fehlerhafte und fahrige Arbeitsweise = krankhaftes, unnatürliches Verhalten durch eine freundschaftliche Lehrweise. Dabei ist diese letzte Lehr-Struktur für einen Schutzhund seelisch qualvoller als eine körperliche starke Züchtigung. Denn die paritätische Struktur entspricht *nicht* dem Gesetz der Hundewelt und der Schutzhund kann eine auf gegenseitiger Achtung basierende Gleichstellung von Mensch und Hund erbmäßig weder verstehen noch akzeptieren. Er kann nur auf irgendeine Art dagegen rebellieren, was auch durch Neurosen ausgedrückt wird.

(Diese Tatsachen sind in dem Buch: „Der erfolgreiche Hundeführer" ausführlich dargestellt.)

2. Das Durchsetzungesvermögen oder die „Abwehr von Belastungen" ist die Grundlage für eine *aktive* und *standhafte* Arbeitsweise des Schutzhundes. Deshalb soll dieser Kernpunkt dem Schutzhund ebenfalls schon in der Prägungs- und Belehrungsphase ab der 8. Lebenswoche gelehrt werden. Dabei kann die Konditionierung auf die Überwindung von Widerständen erfolgen:
   a) analog den Reizungen der Mutterhündin oder des Vaterrüden in der Natur. Dieser Übung entspricht im Mensch-Hund-Rudel die Lektion: „Durchsetzen gegenüber Fremdpersonen".
   b) durch eine systematische Erfolgsgewöhnung. Diese Maßnahme beinhaltet im Mensch-Hund-Rudel die Lektionen: „Beutefang- und Festhalte-Spiel", „Beutearbeit" und „Stressabbau durch gezielte Abwehr". Dabei ist das Stärkegefühl des Schutzhundes in Verbindung mit seinem Siegeswillen so lange *gezielt* zu fördern, bis der Hund *ernsthaft* die direkte Auseinandersetzung mit dem Schutzdiensthelfer sucht.
   (Die unter Punkt a) und b) aufgeführten Lektionen sind im Buch: „Der echte, führige Schutzhund" detailliert beschrieben.)

Das Ziel dieser Belehrung besteht darin, das Durchsetzungsvermögen im Schutzhund so *früh wie möglich* zu verankern bzw. eine *unwiderrufliche* Verknüpfung im Gehirn zu schaffen. Denn lernt der Schutzhund diese zweite wichtige Grundlage jeder *sinnvollen* Hundeausbildung nicht rechtzeitig, kann ihm diese für den *wahren* Erfolg unabdingbare Verhaltensweise später ebenfalls nur noch durch härtere Maßnahmen beigebracht werden, z. B. durch lebensbedrohliche Einwirkungen.

Jedoch besteht die Folge dieser „Appetenz nach Ruhezustand" darin, dass der Schutzhund in bestimmten Situationen *früher*, z. B. vorgeschobene Wehrreaktion und/oder *extremer* z. B. Notwehrreaktion, handelt als notwendig.

Die jeweilige Lernart zeigt der Schutzhund in allen Prüfungsabteilungen mehr oder weniger deutlich. Dabei gelten allgemein folgende Regeln:

1. Der die Überwindung von Widerständen *konditionierte* Schutzhund arbeitet aufmerksam und *ernsthaft*, eindrucksvoll und *konsequent* = positives, natürliches Verhalten durch *meutebezogene* Reaktionen oder Reaktionsform des Reifungsprinzips.

2. Der zur Abwehr von Belastungen *genötigte* Schutzhund arbeitet aufmerksam und unberechenbar, druckvoll und *inkonsequent* = negatives, natürliches Verhalten durch *daseinsbezogene* Reaktionen oder Reaktionsfom des Existenzprinzips.

Das für einen Schutzhund *unerwünschte* Verhalten aber zeigen jene Tiere *ohne* erlerntes Durchsetzungsvermögen. Diese zeichnen sich allgemein aus durch uninteressierte und vorgetäuschte, drucklose und labile Arbeitsweise = verwöhntes, unnatürliches Verhalten durch Ausweichreaktionen. Dabei ist die letzte Reaktions-Struktur für die seelische Reifung des Schutzhundes hemmender als eine körperliche Behinderung.

II. Die Kernstücke der Spezialführung

Die zwei Säulen jeder *vernünftigen* und *erfolgreichen* Spezialausbildung – die **Selbstbeherrschung** und das **Durchsetzungsvermögen** – bedingen für ihre *optimale* Wirksamkeit im Mensch-Hund-Team zwei weitere Hauptsachen: Die **unbedingte Liebe** und das **bedingungslose Vertrauen**. Diese zwei Seelenschwingungen sind in der Regel ebenfalls *gezielt* von Führer und Hund zu entwickeln. Dabei ist für das *richtige* Verständnis Folgendes zu beachten:

1. Die unbedingte Liebe oder die „seelische Verbundenheit" ist die Grundlage für eine *optimale* Verständigung mit dem Schutzhund, vor allem beim Erlernen der Selbstbeherrschung. Denn für den Hund als Gefühlswesen sind die *inneren* Schwingungen des Hundeführers – der Hund erfasst diese mit einer außerordentlichen Telepathie – für sein *spezielles* Verhalten ausschlaggebender als verbale Verständigungsmittel. Denn die verbale Verständigung rangiert beim Hund, im Gegensatz zum Menschen, erst an dritter Stelle. Dabei ist für den Hundeführer der Blickkontakt das *wichtigste* seelische Kommunikations-Element mit dem Hund. Denn über die Augen als „Fenster der hundlichen Seele" kann der Hundeführer dem Hund seinen Willen *signalfrei* mitteilen nach dem Motto: „Ich *will*, dass du dies oder jenes tust." (Näheres siehe „Der erfolgreiche Hundeführer".)

Dieser Kernpunkt sollte mit dem Schutzhund ebenso *von Anfang an* gezielt geübt werden wie in der Hundewelt. Dabei gelingt die Seelenverbindung mit dem Schutzhund am besten, wenn bereits bei der

Auswahl die gegenseitige Sympathie ein entscheidendes Merkmal ist.

Die Wichtigkeit dieser seelischen Ebene im Mensch-Hund-Team wird unter anderem durch folgende Tatsachen deutlich:

a) Jede seelische Erregung und *jeder* Gefühlsmangel des Hundeführers beeinflussen sehr stark das Verhalten des Hundes, auch *ohne* äußere Aktionen. So wird z. B. ein Hund *niemals* richtig gehorchen, solange der Hundeführer den Ungehorsam befürchtet.

b) Der Hund ist das *einzige* Lebewesen, das aus Liebe zum Hundeführer mehr tut als nur die geforderte Leistung, vor allem, wenn dem Hund die Arbeit Freude bereitet.

c) Der Hund ist das einzige Mitgeschöpf, das in *kurzer Zeit* den Charakter des Herrn annimmt. Dies umso ausgeprägter, je enger Mensch und Hund zusammenleben und je sensibler der Hund ist. So ist z. B. der Hund eines

- aggressiven Menschen streitlustig gegenüber seiner Umwelt.
- ängstlichen Menschen furchtsam gegenüber seiner Umwelt.
- hinterhältigen Menschen feige gegenüber seiner Umwelt.
- sanften Menschen gutmütig gegenüber seiner Umwelt.

Deshalb kann *jeder* Hundeführer am Verhalten seines Hundes sowohl seine *eigenen* Stärken und Schwächen erkennen als auch seinen Entwicklungsfortschritt als Hundeführer. Hier gilt der Satz: „Zeig mir deinen Hund und ich sage dir, welcher Führertyp du bist."

2. Das bedingungslose Vertrauen oder das „Sich-auf-den-Hund-Verlassen" ist die Grundlage für eine *optimale* Leistung, vor allem beim Erlernen des Durchsetzungsvermögens. Denn die Standhaftigkeit und der Siegeswille des Schutzhundes, die sich durch erfolgreiche Auseinandersetzung mit der Umwelt entwickeln, sind gekoppelt an die innere Sicherheit des Hundes. Und die innere Sicherheit als wertvollste Wesenseigenschaft des Schutzhundes wird im Bereich der trainierbaren Anlagen am besten durch Zutrauen und Gewissheit erreicht nach dem Motto: „Ich *weiß*, dass du dies oder jenes kannst, also tu es."

Dieser Kernpunkt sollte wie alle anderen Schwerpunkte mit dem Schutzhund ebenfalls *von Anfang an* gezielt geübt werden. Dabei ist die Fährtenarbeit für das Vertrauens-Training geradezu prädestiniert. Denn dem Hund als Nasentier braucht das Suchen *nicht* gelehrt werden. Das kann er von Natur aus. Das einzige, was der Schutzhund zu lernen hat, ist die Konzentration auf nur *eine* seiner natürlichen Sucharten. Denn nur dann ist ein *optimaler* Erfolg gewährleistet. Und bei dieser Tätigkeit ist der Hundeführer mehr Förderer als Ausbilder und kann dementsprechend das *gegenseitige* Vertrauen am besten ausbauen.

Die Folge aus dieser Tatsache ist, dass am Fährtenverhalten des Schutzhundes auch amd eutlichsten die Beziehungsart zwischen Mensch und Hund sowie die Schwachpunkte im Mensch-Hund-Team zu erkennen sind (s. Abb. 12–15).

Abb. 12

Abb. 12 illustriert einen konzentriert und ruhig suchenden Junghund mit einer erwünschten Vertrauensbasis zwischen Führer und Hund, ersichtlich durch die am Boden schleifende Suchleine.

Abb. 13 demonstriert einen oberflächlich und schnell suchenden Althund als Ergebnis einer falschen Lehrweise mit gleichzeitiger Anpassung an das Suchtempo des Hundes.

Abb. 14 zeigt einen über das Meideverhalten ängstlich und schnell suchenden Althund als Ergebnis einer mangelnden Führweise mit gleichzeitiger Gewalttätigkeit.

Abb. 13

Abb. 14

Abb. 15 verdeutlicht einerseits die gewohnheitsmäßige Verweisart eines Althundes, die in der Regel durch ständige Schema-Arbeit entsteht und andererseits eine mangelnde Führweise mit gleichzeitiger Nachgiebigkeit, die oft das Ergebnis einer freundschaftlichen Struktur ist.

Diese Vertrauensbildung in der Fährte hat wegen seiner prägenden Wirkung auch universellen Charakter. Dies bedeutet, dass sich *alle* positiven und negativen Erfahrungen in diesem Bereich auch auf andere Leistungsbereiche mehr oder weniger stark auswirken. Somit ist es möglich, diesen speziellen Vertrauensaufbau in der Fährte, z. B. durch *viele* Erfolgserlebnisse im privaten Bereich zu unterstützen. Dabei bieten die *täglichen* gemeinsamen Spaziergänge die *besten* Möglichkeiten, vorausgesetzt, der Hundeführer erkennt diese und nutzt *alle* Gegebenheiten *sinnvoll* aus.

Die einfachsten und gleichzeitig wirkungsvollsten Übungen sind das Stehen und Gehen *auf* sowie das Erklimmen *von Erhöhungen im Gelände.*

Diese Lektionen können teilweise in Verbindung mit der Übung „Steh – Bleib da" bei der täglichen Körperpflege trainiert werden. Denn durch das Hochspringen und Stehen auf Bänken, Tischen, Mauern, Bohlen usw. wird nicht nur die Selbstbeherrschung, sondern auch die innere Sicherheit des Schutzhundes ausgebaut.

Diese Aktion hat aber auch große Vorteile für den Hundeführer, vor allem, wenn er das Aufspringen auf Erhöhungen mit dem Hörzeichen „Hoch" oder Ähnlichem koppelt. So unterstreicht z. B. der Hundeführer durch diese Maßnahme seine Autorität, benötigt er bei der Körperpflege des Schutzhundes weniger Energie und braucht den Hund beim Tierarzt nicht mehr auf den Tisch zu heben.

Die nachfolgende Aufzählung gibt einen kleinen Überblick über die vielen Trainingschancen, die dem Hundeführer für den Aufbau der inneren Sicherheit des Schutzhundes zur Verfügung stehen. So sollte der Schutzhund z. B. üben:

- Gehen auf glatten oder offenen Böden, Folien, Kugeln oder schmalen Mauern (s. Abb. 16 und 17)
- Längs- und Querlaufen über Baumstämme, Holzstapel, Rohre oder schmalen Stegen (s. Abb. 18 und 19)
- Erklimmen von Strohballenhaufen, Geröllhalden, Leitern oder Schrägen (s. Abb. 20 und 21)
- Springen auf Tische, Schächte, Anhänger oder ins Wasser (s. Abb. 22 und 23)
- Tragen von Bällen, Holz- und Stoffteilen, Behältern oder Glasflaschen (s. Abb. 24 und 25)
- Spielen mit anderen Hunden auf Grünflächen, im Wald, auf Schotter oder im Wasser (s. Abb. 26 und 27)
- Kontakt mit verschiedenen Tieren (s. Abb. 28 und 29)

Abb. 16 zeigt einen Welpen im Alter von sechs Wochen beim Laufen über einen Steg mit Spaltboden, der über einen rauschenden Bach führt.

Abb. 17 illustriert einen Welpen beim „Kugeltraining" in einer Holzkiste.

Abb. 17

Abb. 18 zeigt den Welpen aus Abb. 16 im Alter von vier Monaten bei der Gewöhnung an das Laufen über Baumstämme.

Abb. 19 illustriert einen Hund beim Laufen über einen Holzstapel im Wald.

Abb. 20

Abb. 20 zeigt einen Junghund, der nach dem Erklimmen eines Strohballenhaufens korrekt die Übung „Platz"ausführt.

Abb. 21 illustriert einen Hund beim „Klettertraining" auf einer Geröllhalde.

Abb. 21

Abb. 22

Abb. 22 zeigt eine Junghund im Alter von neun Monaten, der in einem Festzelt sicher auf einen Tisch sprang und dort ruhig stehen blieb.

Abb. 23 illustriert einen Hund beim Springen von einem Baumstamm in das fließende Wasser eines tiefen Baches.

Abb. 23

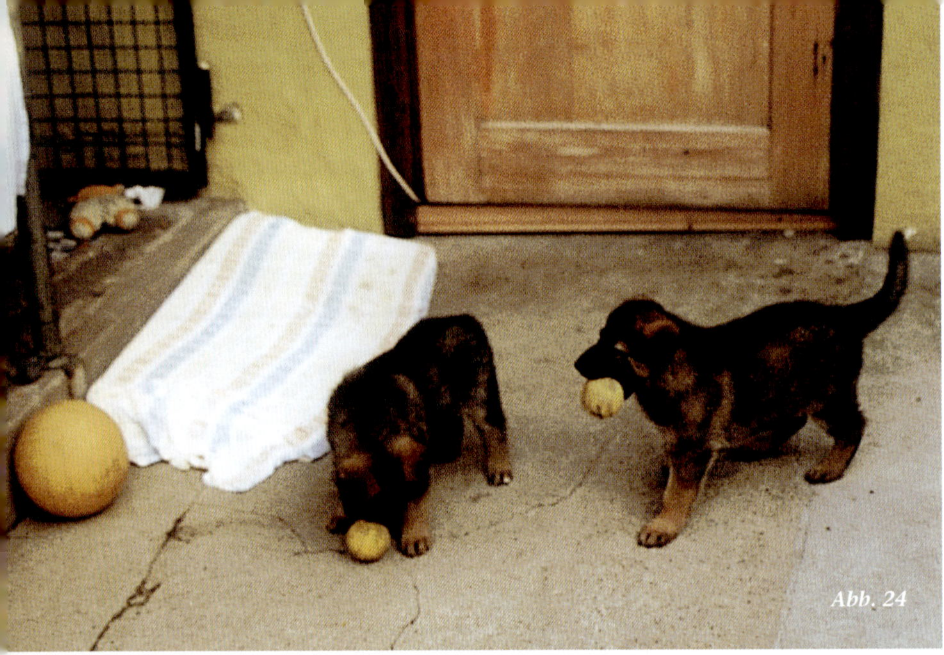

Abb. 24

Abb. 24 und 25 zeigen Welpen beim „Balltraining" und Junghunde bei spielerischen „Trag-Übungen".

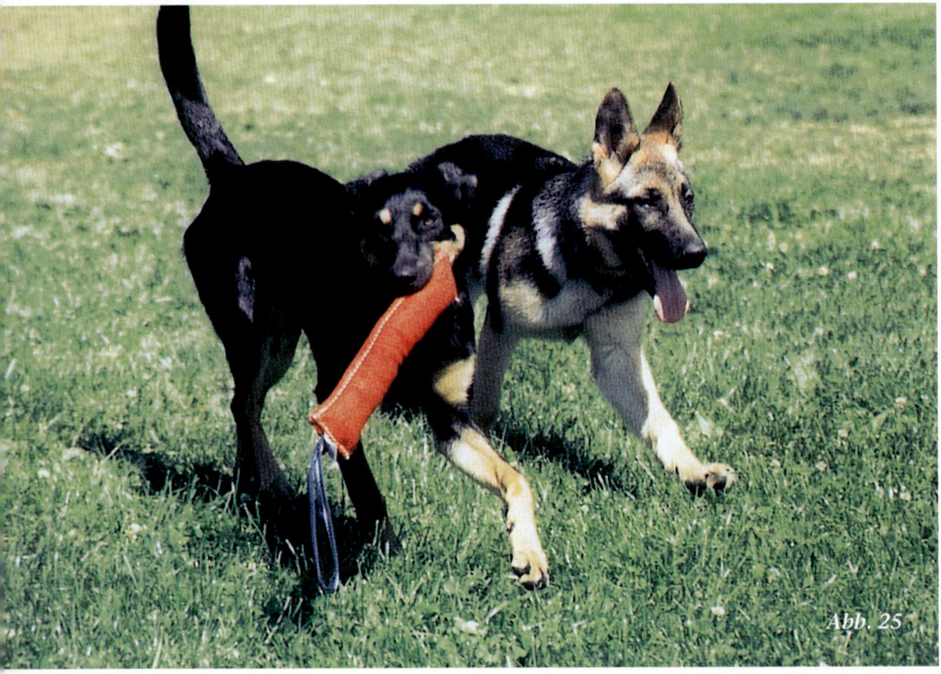

Abb. 25

Abb. 26 zeigt Hunde unterschiedlichen Alters und Rasse beim gemeinsamen Spiel.

Abb. 27 illustriert Welpe und Althund beim „Wasserspiel".

Abb. 28

Abb. 28 und 29 zeigt einen Airedale-Terrier beim gemeinsamen Fressen mit jungen Katzen und bei der Kontaktaufnahme mit einem weiblichen Rind.

Abb. 29

Andere Aktionen, die der Hundeführer für den Aufbau der inneren Sicherheit des Schutzhundes durchführen sollte, sind z. B.

- Kriechen durch Röhren, Tunnel, Abdeckungen usw.
- Suchen neben Weidetieren, Feuer, durch Menschenmassen usw.
- Fahren in Fahrstühlen, Gondeln, Booten usw.
- Aufenthalt in Festzelten, Kaufhäusern, Lokalen usw.
- Liegen, Sitzen oder Stehen neben fahrenden Treckern, Bahnen, Kettenfahrzeugen usw.

Das wichtigste bei diesem seelischen Reifetraining ist, dass dem Schutzhund primär solche Situationen, Gegenstände usw. angeboten werden, die

- er selbständig bewältigen kann.
- seinem Entwicklungsstand entsprechen.
- er fürchtet, meidet oder vor denen er ausweicht.

Dabei sollten Negativerfahrungen *nicht* verhindert werden, die der Schutzhund durch *sein* Verhalten *selbst* verursacht. Ebenso dürfen schmerzhafte Erfahrungen *niemals* eine positive Zuwendung des Hundeführers hervorrufen, weil der Schutzhund ansonsten den Menschen als Schmerzverursacher assoziiert und *nicht* sein Verhalten. Hierbei ist nur *konsequent* nach folgender Erfolgsregel zu verfahren:

Ermutigung + Ausführung + Belohnung = Erfolg

Dies bedeutet: Den Schutzhund *nur* zur Tat ermutigen, ihn *allein* handeln lassen und nach Bewältigung der Aufgabe *angemessen* belohnen.

Dieses psychische Training ist besonders in den Entwicklungsphasen des Schutzhundes von großer Bedeutung, weil ein Hund, der im Wachstum *keine* psychischen Höhen und Tiefen erlebt, geistig und seelisch abstumpft und zu einer *belastungsschwachen* Marionette wird.

Das Resümee aller bisherigen Erkenntnisse ist folgende Tatsache:

Die Kernstücke *jeder* Spezialausbildung sind die **Selbstbeherrschung** und das **Durchsetzungsvermögen** des Schutzhundes, resultierend aus der **unbedingten Liebe** und dem **bedingungslosen Vertrauen** des Hundeführers zum Schutzhund nach dem Motto: „Ich will, dass du dies oder jenes tust, weil du dies oder jenes kannst. Also tu es!"

Dabei sind die äußeren Maßnahmen nur *ergänzend* „technische Handgriffe" zur speziellen Formung des hundlichen Verhaltenbildes im Hinblick auf ein hohes Prüfungsergebnis.

Anders ausgedrückt: Die speziellen Leistungen des Schutzhundes führen nur dann zu *optimalen* Ergebnissen, wenn der Hundeführer auch gefühls- und willensmäßig hinter seinen Handlungen steht. Die Regel hierfür lautet:

Die physischen Maßnahmen und die psychische Einstellung des Hundeführers bilden eine Abrichtungseinheit.

Diese Trainingsart ist vergleichbar mit der Modellierung eines Künstlers, während die Bearbeitung des Schutzhundes nach den üblichen Methoden eine mehr oder weniger gute Handwerkertätigkeit darstellt.

Der *sichtbare* Unterschied zwischen dem Ergebnis des Dressurkünstlers und des Dressurhandwerkers besteht darin, dass die *korrekten* Verhaltensweisen des „modellierten" Schutzhundes mit Leben erfüllt sind (Reifungsprinzip), während die *korrekte* Arbeitsweise des „bearbeiteten" Schutzhundes roboterhaft wirkt (Existenzprinzip).

III. Die Kernstücke der Spezialbehandlung

So wie alles im Leben in einem engen Zusammenhang steht, werden auch das Spezialtraining und die Spezialführung von verschiedenen Faktoren beeinflusst. Dabei ist die Behandlung des Schutzhundes eine der wichtigsten Komponenten. Die Hauptregel in der Spezialausbildung des Schutzhundes lautet:

Der Schutzhund soll sein Energiepotential in der Ausbildung abbauen und nicht in der Freizeit.

Dies bedeutet: Der Hundeführer soll dem Schutzhund *vor* dem Training keine Möglichkeit geben, unnötige Kräfte zu verbrauchen und Triebspannungen aufzulösen, z. B. durch längeren Auslauf, Spaziergang, Laufübung, Spielen usw. Deshalb soll der Schutzhund *von Anfang an* daran gewöhnt werden, sich im Freien *sofort* zu entleeren und sich anschließend *gezielt* bei der Arbeit „auszutoben".

Wird diese Regel im Hinblick auf eine lern- und tierpsychologisch *richtige* Lehrweise *konsequent* befolgt, erhält der Hundeführer *in kurzer Zeit* einen lern- und arbeitsfreudigen Schutzhund, dem die Teamarbeit zu einem *Bedürfnis* wird. Die Lehrart dieses Erfolgsweges ist die „Differenzdressur" oder das „Konditionierungs-Vorteil-Lernen". Dabei ist bei der positiven Bestätigung *stets* darauf zu achten, dass sie zum *richtigen* Zeitpunkt erfolgt, vor allem nach einer Hundeführer- oder Umwelteinwirkung. Denn *jede* negative Erfahrung beim Lernen erzeugt seelischen Frust, der je nach Hundetyp mehr oder weniger stark wirkt und dementsprechend anhält. Die Folge ist, dass der Schutzhund in diesem Seelenzustand jede *positive* Bestätigung für eine andere Verhaltensweise *nicht* mit dem Wunschverhalten verknüpft, sondern *primär* mit dem Frust.

Begeht der Hundeführer nun öfter diesen Ausbildungsfehler, erhält er *keinen* lern- und arbeits*freudigen*, sondern einen lern- und arbeits*unwilligen* Schutzhund mit allen negativen Auswirkungen.

Die logische Konsequenz aus dieser Tatsache ist, dass der Hundeführer für die *optimale* Ausbildung des Schutzhundes *von Anfang an* folgende drei Regeln beachten sollte:

1. Die *negativen* Einwirkungen sind dem Alter und der seelischen Reife des Schutzhundes anzupassen. Dabei sind die Negativerfahrungen so zu gestalten, dass der Schutzhund sie *nicht* auf den Hundeführer, sondern auf *sein* Verhalten bezieht nach dem Motto: „Schmerzen von der Umwelt werden durch das *eigene* Verhalten verursacht."
2. Die *positiven* Einwirkungen wie Lob, Futter, Beute usw. sind erst dann zu setzen, wenn der Schutzhund den vorangegangenen „Einwirkungsfrust" *von sich aus* überwunden hat, also in seinem Verhalten oder Augenausdruck *nicht* mehr zum Meiden tendiert.
3. Die *positiven* Einwirkungen sind bei der zwangsweisen Formung eines neuen Verhaltens wie Aufhören des Zwanges usw. erst dann sinnvoll, wenn der Schutzhund das Wunschverhalten *freiwillig* zu zeigen beginnt.

Diese drei Schwerpunkte der speziellen Behandlung des Schutzhundes, die im Prinzip für *alle* Lernwesen gelten, sind aber *inhaltlich* auf die jeweiligen Hundetypen abzustimmen. Dabei gibt es allgemein zwei Unterscheidungskriterien:

1. Maßnahmen gegenüber Leithundtypen

Diese Hundegattung, auch Alphatiere, Führ- oder Kopfhunde genannt, zählt anlagemäßig zu den „Allroundhunden" für *alle* Führaufgaben im Hunderudel. Dabei werden die Führanlagen unabhängig vom Geschlecht vererbt.

Diese Schutzhunde sind, je nach Ausprägungsgrad ihrer Führfähigkeiten, mehr oder weniger empfindlich gegenüber seelischen Abwertungen. So bewirkt z. B. die Einzelhaltung im Zwinger für einen Leithundtyp seelischen Frust, weil er zum Ausleben seiner Persönlichkeit die Rudelmitglieder benötigt.

Ebenso löst z. B. die Übertragung von untergeordneten Aufgaben in einem Alphatier einen Frustzustand durch Unterforderung aus.

2. Maßnahmen gegenüber Unterhundtypen

Diese Hundegattung, die alle Hunde umfasst, die keine Führhundtypen sind, zählt anlagemäßig zu den „Spezialisten" für untergeordnete Einzelaufgaben im Hunderudel. Dabei bekleidet das Omega-Tier in der Rangordnung des Rudels die „Prügelknabenstellung". Hinsichtlich der Vererbung gilt dasselbe wie bei den Führhundanlagen.

Diese Schutzhunde sind, je nach Ausprägungsgrad ihrer Unterhundfähigkeiten, mehr oder weniger empfindlich gegenüber seelischen Überforderungen. So bewirkt z. B. die Einzelhaltung in der Familie mit mehreren Mitgliedern für einen Unterhund seelischen Frust, weil er durch die ständige Auslösung seiner Unterhundeigenschaften seelisch *nicht* reift. Ebenso löst z. B. die Übertragung von übergeordneten Aufgaben in einem Unterhund einen Frustzustand durch Überforderung aus.

Die logische Konsequenz aus dieser Tatsache ist, dass der Hundeführer für eine *optimale* Arbeit *von Anfang an* jenes Tier auswählen sollte, das für seine Zielsetzung und Haltungsart *am besten* geeignet ist.

Die entsprechenden Regeln für die Praxis lauten:

1. Je ausgeprägter die Leithundfähigkeiten eines Schutzhundes sind, desto ungeeigneter ist er für untergeordnete Einzelaufgaben und Einzelhaltung im Zwinger. Und je geringer die Spezialistenfähigkeiten eines Schutzhundes sind, desto weniger kann er eingeengt und unterdrückt arbeiten. Somit sind Schutzhunde mit Leithundcharakter allgemein *schlechte* Routinearbeiter und für *eintönige* Spezialaufgaben, z. B. als reiner Sporthund, problematisch.
2. Je ausgeprägter die Unterhundfähigkeiten eines Schutzhundes sind, desto ungeeigneter ist er für übergeordnete Allgemeinaufgaben und Einzelhaltung in einer Familie mit mehreren Mitgliedern. Und je geringer die Allroundfähigkeiten eines Schutzhundes sind, desto weniger kann er frei und selbstständig arbeiten.

Somit sind Schutzhunde mit Unterhundcharakter allgemein *gute* Routinearbeiter und für *gleichförmige* Spezialaufgaben, z. B. als reiner Sporthund, prädestiniert.

Dabei ist der Erfolg auf dem jeweiligen Spezialgebiet umso größer,

- je höher das Tier in der natürlichen Rangordnungsskala durch die Haltungsart aufsteigt, z. B. als Beta-Tier bei Einzelhaltung im Ein-Personen-Haushalt.
- je mehr das Tier durch spezielle Anlagenförderung zu einem einseitigen „Facharbeiter" gemacht wird.

Diese künstliche Aufwertung eines Unterhundes ist zwar für den Leistungssektor von Vorteil, aber *nicht* für die jeweilige Schutzhundrasse. Denn diese „gemachten" Schutzhunde präsentieren bei *richtiger* Führung ihr erlerntes Verhalten durch die Gewohnheit als natürliche Fähigkeiten.

Die Folge ist, dass jetzt diese *geformten* Spezialisten völlig *widernatürlich* zur Zucht eingesetzt und in der Regel mit Unterhündinnen verpaart werden, die in der Natur auch *keine* Vererbungschancen hätten.

Da diese Tiere aber nicht die erlernten Wesensmerkmale, sondern nur die ererbten Unterhundanlagen vererben, kann sich jeder klar denkende Mensch das Ergebnis ausrechnen.

Und wenn dieser züchterische Unsinn dann noch über Jahre auf breiter Basis durchgeführt wird, dann darf sich kein Hundeführer wundern, wenn die Qualität der *wahren* Schutzhundanlagen einer Schutzhundrasse ständig abnimmt. Das Ende dieser Spirale wird natürlich von einer Schutzhundrasse mit wenigen Tieren schneller erreicht, als von einer mit vielen Tieren.

Deshalb sollten die Züchter zur Steigerung der *wahren* Schutzhundanlagen *überwiegend* Tiere mit Leithundfähigkeiten zur Zucht einsetzen. Dabei sollte vor allem mit Hündinnen gezüchtet werden, die aufgrund ihres Anlagepotentials auch im Wildrudel zu Mutterhündinnen aufsteigen würden. Denn diese seelisch *starken* Hündinnen geben den Welpen nicht nur anlagemäßig eine bessere Grundlage mit, sondern auch prägungsmäßig. Und gerade diese Prägung erspart dem *verantwortungsbewussten* Züchter und später dem Hundeführer viel Arbeit, Nervenkraft und Zeit. Folgendes Beispiel soll diese Aussage verdeutlichen:

Die Unterhündinnen reagieren auf das Klagen, Schreien, Flüchten, Frustriertsein usw. ihrer Welpen oft sehr nachgiebig und wollen diese durch Lecken, Säugen oder sonstige angenehme Verhaltensweisen beruhigen. Jedoch bewirkt dieses Verhalten, besonders bei intelligenten und sensiblen Welpen, eine Fehlprägung dahingehend, dass die Hunde später bei Belastungen *immer* versuchen werden, sich durch Schreien, Flüchten und anderen Meidereaktionen den Anforderungen zu entziehen.

Da Prägungslernen *stets* gegenüber Gewöhnungslernen dominiert, kann dieses Problem *durchschlagend* nur durch eine energieaufwendige traumatische Gegenmaßnahme überdeckt werden.

Zusammengefasst besteht das Wesen der Spezialausbildung in Folgendem:

Die Spezialausbildung des Schutzhundes ist die *hohe* Schule der Hundedressur. Jedoch führt das Training nur dann zum *wahren* Leistungserfolg, wenn es auf der Grundlage des Reifungsprinzips nach den lern- und tierpsychologischen Wahrheiten erfolgt.

Die Voraussetzung für eine *korrekte* Arbeitsweise ist, dass der Hundeführer *sich* und *seine* bisherige Lehrweise *unvoreingenommen* überprüft und vorhandene Unvollkommenheiten *gezielt* beseitigt.

Dabei besteht das Idealziel für den Hundeführer darin, seine *erlernte* Anpassung an *veraltete* Regeln und Gewohnheiten in der Hundeausbildung aufzugeben und *eigenverantwortlich* ein Wertesystem nach den *natürlichen* Gesetzen aufzubauen.

Denn ein *optimales* Mensch-Hund-Verhältnis und eine *wirkungsvolle* Teamarbeit bedingt *seelische* Freiheit von *angstbesetzten* Bindungen an Äußerlichkeiten der Menschenwelt.

Die Abwehr von Belastungen ist die Basis jeder erfolgreichen Auseinandersetzung mit der Umwelt und jedes seelischen Reifungsprozesses.

Teil V

Allgemeines

I. Wichtige Grundbegriffe von A–Z

A

Aggressionstrieb ist ein angeborener Instinkt, der sowohl bei der Selbstverteidigung als auch bei der Arterhaltung im sozialen Bereich mitwirkt. Die Gefährlichkeit dieses Instinkts liegt in seiner unmittelbaren, spontanen Reaktion.

Angeborener auslösender Mechanismus (AAM) vermittelt dem Tier das „angeborene Erkennen" einer biologisch wichtigen Umweltsituation. Er spricht auf mehrere summierbare Umweltreize (Schlüsselreize) an.

Appetenz ist ein Erregungszustand, der so lange anhält, wie eine bestimmte Reizsituation nicht gegeben ist. Tritt diese vom Appetenzverhalten angestrebte Reizsituation schließlich ein, so löst sie die zielbildende Endhaltung aus. Daraufhin hört das Appetenzverhalten auf und wird von einem Zustand verhältnismäßiger Ruhe abgelöst. Während der Appetenz wirkt das Auffinden jedes zur auslösenden Reizsituation gehörenden Reizes andressierend. Jede Verstärkung der aufladenden bzw. auslösenden Reizkonfiguration wirkt „ermutigend".

Appetenzverhalten oder Suchverhalten ist eine meist längere und stärker variable Folge verschiedener Bewegungen und Orientierungseinstellungen, die zu einer Endhaltung führen soll. Das Auftreten einer Appetenzhandlung wirkt nicht triebverzehrend, ist frei von aktionsspezifischer Ermüdung und kann daher auch zu wiederholten Malen ausgelöst werden. Das Appetenzverhalten ist „zielstrebig" in dem Sinne, dass es den Ablauf einer Endhandlung als „Ziel" anstrebt. Im Allgemeinen besteht das Appetenzverhalten aus einer komplexen Folge verschiedener Einzelhandlungen. Im Appetenzverhalten überwiegen in der Regel die anpassungsfähigeren erlernten Reaktionen, d. h., nur im Appetenzverhalten lernt das Tier.

Arteigene Triebhandlung ist jeder Verhaltenskomplex, der aus Appetenzverhalten, Ansprechen eines AAM und dem Erreichen der triebbefriedigenden Endsituation besteht, in der eine bestimmte genetisch programmierte Verhaltensweise abläuft.

Assoziation ist die Verknüpfung von Vorstellungen, von denen die eine die andere hervorgerufen hat.

Auslöser sind Wahrnehmungen, die ein bestimmtes Verhalten auslösen, also Außenreize. Die Auslöser können angeboren oder erlernt sein (Schlüsselreize, Objektreize, Hörzeichen).

Aversion ist eine andere Art von Erregung, die so lange anhält, wie ein bestimmter Reiz – Störreiz – vorhanden ist. Sie klingt aber ab, wenn dieser Störreiz nicht mehr einwirkt. Bei der Aversion wirkt die Abnahme in der Intensität des Störreizes andressierend und jede Schwächung der auslösenden Reizkonfiguration „ermutigend".

B

Bedingte Hemmung entsteht dann, wenn ein wie auch immer motiviertes Verhalten sofort unangenehme Erfahrung wie Schreck oder Schmerz nach sich zieht. Die meisten Abdressuren oder das Abrichten durch Strafe beruhen auf diesem Prinzip.

D

Drohgebärden entspringen in der Regel dem Konflikt zwischen Angriffs- und Fluchtdrang, d. h., sie stellen einen Gleichgewichtszustand zwischen Angriff und Flucht dar und haben den Zweck, einen Rivalen oder Feind einzuschüchtern.

E

Endhandlung ist in der Regel eine relativ einfache und kurze, vielfach sehr starre und unveränderliche Handlungsweise, die die betreffende Verhaltensfolge abschließt und damit beendet. Sie wirkt „triebverzehrend" oder „triebbefriedigend". Die Folge davon ist eine Schwellenerhöhung, aufgrund derer dieselben Reize, die zuvor Appetenzverhalten und Endhandlung ausgelöst haben, vorübergehend in ihrer Wirksamkeit herabgesetzt sind. Mit anderen Worten: Die Endhandlung führt in der Regel dazu, dass das gleiche Verhalten, einschließlich der dazugehörigen Appetenzhandlung, eine Zeitlang nicht mehr auftritt.

F

Fährtenfest ist ein Hund, wenn er auf Hör- oder Sichtzeichen zwar sucht, aber auf der Ansatzfährte nicht verharrt und andere im Gelände befindliche Menschenfährten nicht ablehnt.

Fährtensicher ist ein Hund, wenn er ab 3 Minuten Zeitunterschied zwischen Ansatzfährte und anderen menschlichen Fährten sicher auf der Ansatzfährte verharrt.

Fährtenrein ist ein Hund, wenn er auf jeden Fall auf der Ansatzfährte verharrt. Auch wenn Ansatzfährte und Verleitungsfährten gleichaltrig sind.

Fleischschleppe ist eine Führerfährte, bei der durch das Hinterherziehen von fleischlichen Futterstoffen der Nahrungstrieb des Hundes angesprochen wird. Sie endet stets an der Futterschüssel und soll den Hund daran gewöhnen, mit tiefer Nase zu suchen.

I

Instinkthierarchie bedeutet, dass das Gesamtverhalten eines Tieres einer gewissen hierarchisch strukturierten Ordnung unterliegt. Dabei wird unterschieden zwischen übergeordneten Instinkten I. Ordnung und nachgeschalteten Instinkten II. und folgender Ordnungen, die jeweils eine von mehreren möglichen Teilhandlungen oder -handlungskomplexe des nächsthöheren Instinktes darstellen. Die einzelnen Verhaltensweisen können dabei einander zugeordnet sein oder sich gegenseitig ausschließen und in ihrem Auftreten hemmen.

Instinktstau ist der Komplex von Schwellenerniedrigung und vermehrter Appetenz. Er entsteht, wenn bestimmte Instinktbewegungen einige Zeit hindurch nicht ausgelöst werden.

K

Konditionierung ist das Ausbilden bedingter Reaktionen bei Mensch oder Tier, wobei eine Reaktion auch dann eintritt, wenn an die Stelle des ursprünglichen Auslösereizes ein zunächst neutraler Reiz tritt. Dabei wird unterschieden in

a) Klassische Konditionierung
Sie bedeutet, dass ein bisher neutraler Reiz durch entsprechende positive Folgeerscheinungen (Belohnungen) die Fähigkeit erhält, Antworten auszulösen, d. h., er wird zum „bedingten" Reiz.

b) und Instrumentelle Konditionierung oder Lernen am Erfolg.
Sie bedeutet, dass hier nicht ein neuer Reiz an eine bereits vorhandene Reaktion gebunden wird, sondern dass eine neue Bewegung mit der Verminderung eines Bedürfnisses in Beziehung tritt, z. B. dem Stillen von Hunger und Durst.

L

Leerlaufbewegung oder Leerlaufhandlung ist ein Verhalten, das bei extremer Schwellenerniedrigung „spontan" hervorbricht, d. h. völlig ohne Außenreize abläuft.

Lokomotionsbewegungen sind leicht verfügbare Bewegungsweisen von einer Stelle zur anderen, z. B. Laufen, Springen, Fliegen, Schwimmen usw. Ihre Grundlage bilden die von innen kommende Erregungsproduktion und die zentrale Koordination. Sie können in ihrer Form nicht angepasst verändert, sondern durch Vorgänge überlagert werden, die unmittelbar von Außenreizen gesteuert sind.

M

Magneteffekt bedeutet, dass die Effekte der gegenseitigen Beeinflussung zweier reizerzeugender Rhythmen dazu führen, dass sich beide im Phasenverhältnis einer möglichst ganzzahligen Harmonie festzuhalten trachten. Dieses Phänomen ist allgemein verbreitet und beeinflusst nahezu alle Bewegungsvorgänge höherer Tiere.

Meideverhalten zeigt der Hund, wenn er eine physische oder psychische Bedrohung oder eine offene Aggression mit Flucht, Unterlassungsaktionen, Demutsgebärden usw. beantwortet.

Modifikation ist die andauernde, ungerichtete Veränderung, die in einem Organismus während seines individuellen Lebens durch äußere Einwirkungen hervorgerufen wird. Der Genotyp legt die Grenze fest, innerhalb derer der Phänotyp einer Tierart durch Modifikation verändert werden kann.

Motivation ist die Bereitschaft eines Tieres zu einem bestimmten Verhalten. Sie hat für jede Verhaltensweise zu jedem Zeitpunkt einen bestimmten Wert und entstammt allgemein den drei großen Triebanlagen: Ernährungstrieb, Arterhaltungstrieb und Aggressionstrieb. Der Motivationsgrad ist dabei abhängig von einer Vielzahl äußerer und innerer Faktoren, die ihre Wirkung nicht isoliert ausüben, sondern in verschiedenartigen Wechselbeziehungen zueinander, z. B. innere Sinnesreize, motivierende Schlüsselreize, Reifezustand des Tieres, aktionsspezifische Ermüdung usw. Ersichtlich ist die Motivation aus der Stärke und der Häufigkeit einer Handlung.

R

Reflexe sind die einfachste und unwillkürlichste Form reaktiven Verhaltens beim Tier. Sie antworten auf den gleichen Reiz in gleicher Weise und werden vom Tier „passiv" abgewartet, d. h., das Tier trägt in der Regel selbst nicht unmittelbar zur Schaffung von Situationen bei, in denen der betreffende Reflex abläuft. Der Reaktionsablauf eines Reflexes selbst ist immer angeboren. Die Ablaufdauer ist bei den meisten Reflexen außerordentlich kurz. Bei der Form des Reflexes wird unterschieden in

a) unbedingter Reflex
   Hierbei beruht die Verknüpfung zwischen dem auslösenden Reiz und der Reaktion auf erblicher Grundlage, d. h., die Verknüpfung ist von vorausgegangener Erfahrung mit dem betreffenden Reiz unabhängig;

b) und bedingter Reflex.
   Hierbei wird die Verknüpfung zwischen dem auslösenden Reiz und der Reaktion erst durch einen Lernvorgang erworben. Der bedingte

204

Reflex behält seine reaktionsauslösende Wirkung jedoch nur so lange, wie er in Abständen immer wieder vom unbedingten Reflex begleitet wird.

Reifung ist die Vervollkommnung einer angeborenen Verhaltensweise ohne Übung. Sie beruht auf zentralnervösen Entwicklungsprozessen.

Reizauslese bedeutet, dass ein Tier zwei Vorgänge miteinander verbindet, indem es lernt, einen neutralen Reiz, der ihm fast gleichzeitig mit dem Auslöser einer Reaktion dargeboten wird, mit dem Auslösereiz zu verschmelzen.

Reizsummation bedeutet, dass die Intensität einer Verhaltensweise von den Wirkungen bestimmt wird, die von den einzelnen beteiligten Reizen durch gegenseitige Reizverstärkung ausgehen.

Revier eines Tieres ist kein fest abgegrenzter Bezirk, sondern wird nur durch die Funktion einer ortsabhängigen Verschiedenheit der Angriffslust bestimmt. Dies bedeutet: Im Mittelpunkt des Reviers ist die Kampfbereitschaft des Tieres am größten, während sie mit zunehmender Entfernung in gleichem Maße abnimmt, wie die Umgebung für das Tier fremder und furchterregender wird. Mit anderen Worten: Bei Annäherung an den Mittelpunkt des Reviers wächst der Aggressionsdrang im geometrischen Verhältnis zur Entfernungsabnahme. Umgekehrt steigt bei zunehmendem Abstand von dem Gebietsmittelpunkt der Fluchttrieb in demselben Verhältnis an, wie die Entfernung zunimmt.

S

Schlüsselreize sind reaktionsauslösende Reize, deren biologischer Nutzen einseitig ist, d. h., das „Interesse" an einem Informationsgewinn liegt nur auf der Seite des Empfängers.

Schwellenwert ist die Mindestgröße oder Mindestqualität eines Reizes, mit dem er bei einem Tier eine Verhaltensreaktion auslöst. Diese Schwelle ist bei einem Reflex immer annähernd gleich, während sie bei der Instinkthandlung von verschiedenen Umweltbedingungen und vom physiologischen Zustand des Tieres sehr stark beeinflusst werden kann.

Schwellenerhöhung ist dann gegeben, wenn die Verhaltensweise eines Tieres schwerer auslösbar ist als normal. Zum Beispiel ist die Bereitschaft zur selben Handlung unmittelbar nach ihrem Ablauf in der Regel gering.

Schwellenerniedrigung ist dann gegeben, wenn die Verhaltensweise eines Tieres leichter auslösbar ist als normal. Zum Beispiel ist eine Verhaltensweise leicht auslösbar, wenn sie lange Zeit nicht mehr abgelaufen ist. Im Extremfall kann eine Schwellenerniedrigung zu Leerlaufbewegungen führen.

Spezifische Ermüdbarkeit umfasst zwei verschiedene Vorgänge von Veränderungen in der jeweiligen Auslösbarkeit von Instinkthandlungen.

a) Aktionsspezifische Ermüdung
Sie besagt, dass im Prinzip alle komplexen Verhaltensweisen einem bestimmten Grad von Ermüdung nach ihrem letzten Auftreten unterliegen. Der Zeitabstand bis zur Wiederauslösbarkeit ist dabei abhängig von den Anforderungen, die von Natur aus an die betreffende Verhaltensweise gestellt werden. Zum Beispiel brauchen Verhaltensweisen im Sexual- oder Nahrungsbereich nur in Abständen aufzutreten, während Flucht- und Verteidigungsreaktionen ständig abrufbar sein müssen.

b) Reizspezifische Ermüdung oder Gewöhnung
Sie besagt, dass eine Verhaltensweise, die mehrere Male hintereinander durch einen bestimmten Reiz ausgelöst wird, auf diesen nicht mehr anspricht, jedoch durch einen anderen Reiz unter Umständen wieder hervorgerufen werden kann. Die Ermüdung bezieht sich also hierbei auf den die Reaktion auslösenden Reiz, sei er nun optischer, akustischer oder haptischer Natur. Mit anderen Worten: Gewöhnung ist die Fähigkeit eines Tieres, sich an wiederholt auftretende Reize, die weder mit positiven noch mit negativen Folgen verbunden sind, zu gewöhnen und nicht mehr auf sie zu reagieren.

Superposition ist die einfachste Form der Auseinandersetzung zwischen zwei gleichzeitig aktivierten Antriebsquellen eines Tieres. Zum Beispiel ist der Gesichtsausdruck des drohenden Hundes aus dem Konflikt zwischen den Bewegungsweisen der Flucht und des Angriffs entstanden.

T

Triebhandlungen sind komplexe Verhaltensweisen, die wie die Reflexe eine Reaktion auf einen Reiz darstellen. Jedoch unterscheiden sie sich von den Reflexen dadurch, dass

- sie auf den gleichen Reiz in durchaus verschiedener Weise antworten können.
- der Ablauf der Endhandlung über entsprechendes Appetenzverhalten aktiv angestrebt wird.

Tupfschleppe ist eine Führerfährte, auf der das Futter nicht mehr hinterhergezogen, sondern das am Band befestigte oder in einem feinmaschigen Einkaufsnetz befindliche Fleisch hoch gehalten und bei jedem Schritt nur auf den Boden aufgetupft wird. Die Abstände der einzelnen Tupfer werden nach und nach soweit vergrößert, bis sie schließlich nur noch bei den Gegenständen „gesetzt" werden.

U

Übersprungsbewegung ist eine dritte, zu einem völlig anderen Verhaltenssystem gehörige Instinktbewegung, die dann oft auftritt, wenn die Motivation zweier Bewegungsweisen miteinander in Konflikt geraten.

Ungerichtete Lokomotion ist eine Bewegungsunruhe, durch welche die Wahrscheinlichkeit des Auffindens der gesuchten Reize nur um ein Geringes erhöht wird.

V

Vermeidungsreaktion ist ein bedingter Vermeide-Reflex, ein Trauma, der oft durch eine einzige stark wirkende Reizeinwirkung hergestellt wird und anschließend unwiderruflich bestehen bleibt.

W

Wehrverhalten zeigt der Hund, wenn er eine physische oder psychische Bedrohung oder eine offene Aggression mit aggressiven Abwehrbewegungen beantwortet, z. B. Knurren, Bellen, Beißen usw.

II. Literaturnachweis

Dieses Buch ist ein spezieller Leitfaden für *alle* verantwortungsbewussten Hundeführer, die ihren Schutzhund für echte Leistungszwecke ausbilden möchten. Deshalb habe ich aus einschlägigen Arbeiten nur solche Kenntnisse übernommen, die dem Ziel dieses Buches dienen. Die folgende Liste führt die Literatur auf, die ich bei meiner Arbeit mit Gewinn benutzt habe:

Immelmann, Klaus: Einführung in die Verhaltensforschung. Verlag Paul Parey, Hamburg.

Klinkenberg, Tillmann: Hundeerziehung ohne Zwang. Verlag J. Neumann-Neudamm, Melsungen.

Lorenz, Konrad: Das sogenannte Böse. Dr. G. Borotha-Schoeler Verlag, Wien.

Lorenz, Konrad: Vergleichende Verhaltensforschung. Springer-Verlag, Wien.

Most, Konrad: Die Abrichtung des Hundes. Gersbach & Sohn Verlag, München.

Müller, Manfred: Vom Welpen zum idealen Schutzhund, Verlag Oertel + Spörer, Reutlingen.

Müller, Manfred: Der erfolgreiche Hundeführer. Verlag Oertel + Spörer, Reutlingen.

Müller, Manfred: Der leistungsstarke Fährtenhund. Verlag Oertel + Spörer, Reutlingen.

Müller, Manfred: Der echte, führige Schutzhund. Verlag Oertel + Spörer, Reutlingen.

Ochsenbein, Urs: Der neue Weg der Hundeausbildung. Albert Müller Verlag, Zürich.

Verband für das deutsche Hundewesen (VDH): Prüfungsordnung.

Federation Cynologique Internationale (FCI): Leitfaden für das Internationale Gebrauchshundewesen der F.C.I.

III. Bildnachweis

Zeichnungen: Manfred Müller
Titelbild: Dr. Gabriele Lehari
Fotos (Abb.-Nr.):
Dagmar Beckendorf
Susanne Hollisen
Elisabeth Homm
Werner Lau: 17
Martin Lechner
Dr. Gabriele Lehari: 15, 25
Manfred Müller

Die Fotos wurden primär nach ihrem Aussagewert in puncto Textverdeutlichung ausgewählt und zeigen Hunde unterschiedlichen Alters und Ausbildungsstandes.